조상공덕경

조탑공덕경, 시등공덕경, 욕불공덕경,
우요불탑공덕경, 제덕복전경

큰글씨 한글경전

조상공덕경

2021년 7월 30일   초판 1쇄 발행

지은이   경전연구모임
펴낸이   이규만
디자인   B&D
펴낸곳   불교시대사

출판등록   1991년 3월 20일 제300-1991-27호
주소   (우)03149 서울시 종로구 인사동 7길 12 백상빌딩 1305호
전화   02 – 730 – 2500
팩스   02 – 723 – 5961
이메일   kyoon1003@hanmail.net

ISBN 978-89-8002-171-0   04220
ISBN 978-89-8002-161-1   04220(세트)

조상공덕경,
조탑공덕경, 시등공덕경, 욕불공덕경, 우요불탑공덕경, 제덕복전경

경전연구모임

불교시대사
1% 나눔의 기쁨

《조상공덕경》, 《조탑공덕경》,
《시등공덕경》, 《욕불공덕경》, 《우요불탑공덕경》,
《제덕복전경》에 대한 해설

....

　이 한 권의 책에 함께 실린 경전들은 모두가
'공덕이란 무엇인가?'하는 질문으로 귀결되고
있다.

　《조상공덕경》의 원래 이름은 《불설대승조상
공덕경(佛說大乘造像功德經)》이다. 원래 두 권으로
이루어졌는데 당나라 제운반야(提雲般若)의 번역
이 널리 알려져 있다.

　《조상공덕경》의 내용은 부처님께서 도리천
에 계실 때의 장면부터 시작된다. 그 때 우전왕
이 처음으로 불상을 만들고는 그 공덕에 대해

궁금하게 여겼다.

그 때 부처님께서 천상에서 내려오셔서는 왕에게 칭찬하시고, 불상을 만든 공덕에 대해 설하신 것이 이 경의 내용이다.

공덕이 되는 일들은 어떤 것들을 들 수 있을까? 위에서 말한 경전을 통해 나타난 것처럼 우선 불상을 조성해, 보는 이로 하여금 거룩한 믿음을 일으키게 하는 행동이다.

그리고 들 수 있는 것은 탑을 조성하는 공덕이다. 《불설조탑공덕경(佛說造塔功德經)》에 의하면, 부처님은 이렇게 말씀하시고 있다. 부처님의 법신을 받든 탑을 조성하면, 그 사람의 공덕은 범천과 같다는 것이다. 비록 그 탑 안에 부처

님의 사리나 머리카락 한 올만이라도 모셨다
해도 그 위덕은 한이 없다고 이르셨다.

불상과 불탑을 조상하는 공덕과 더불어 큰
공덕으로 등을 밝히는 공덕을 들 수 있다. 흔히
불교에서는 인간의 지혜를 가리는 모든 어리석
음을 캄캄한 어둠에 비유한다.

《불설시등공덕경(佛說施燈功德經)》에서 나타나
는 '등불을 밝히는 공덕'은 바로, 그런 상징적인
의미까지도 포함되어 있는 것이다.

그래서 부처님은 이렇게 말씀하신다. "부처
님의 한 가지 덕이라도 생각하여라. 공덕을 생
각하고는 무량 억 나유타 백 천 겁 동안 익힌 세
가지 선근인, 밝은 복전의 처소와 청정한 계의

처소, 모든 곳에 공양을 베풀어라.

밝은 등불이나 적은 등잔심지를 받들어 올릴 것이요, 혹은 소유(蘇油)를 바르거나 태워서 받들어 올리되, 그 밝기가 오직 길의 한 층계만을 비출지라도 부처님은 그 공덕을 능히 살피신다."

이처럼 불을 밝히는 공덕은 비할 바 없는 선업임을 알린다. 이런 공덕을 베푼 사람은 이 과보로 다음과 같은 세 가지를 얻는다고 한다.

첫째는 자신의 허물과 더불어 재물의 허물까지를 익히 알아 불탑에 공양하고자 하는 청정한 마음이다. 둘째는 온갖 살림살이에 풍족함을 얻고, 지혜와 즐거움을 누리는 일이다. 그리고 시등공덕의 세 번째 과보는, 자신의 마음속에 나쁘고 삿됨이 깨끗하게 없어지는 것이다.

등불을 밝히는 공덕은 이렇게 크다. 그래서 우리 민족에게는 예로부터 지금까지 연등, 관등의 습속이 엄연한 민속의 행사로 남아 전해지고 있다.

그와 함께 불상을 깨끗이 하는 '욕불'의 공덕을 설한 《욕불공덕경(浴佛功德經)》과 함께 《우요불탑공덕경(右遶佛塔功德經)》에서는 역시 큰 신앙형태로 자리잡은 '관욕'과 '탑돌이 신앙'의 교리적인 배경을 살펴볼 수 있다.

《삼국유사》의 많은 설화에서 볼 수 있듯이 탑돌이 의식은 지금까지도 부처님께 예배하는 것과 같은 간절한 믿음의 발로이다.

《우요불탑공덕경》에서는 이런 믿음의 행인 탑돌이가 사람에게 어떤 공덕을 받게 하는가를 자세히 밝히고 있다. 탑 주위를 바른 믿음으로 돌기만 해도 그 공덕으로 인해 더없는 깨달음을 얻으리라는 것이다.

차례

조상공덕경

제1장 이 경을 설하는 인연

이와 같이 나는 들었다.

부처님께서 삼십삼천의 파리질다라나무[1] 밑에 계실 적에 한량없이 많은 큰 비구들과 큰 보살들과 함께 하시었다. 그 중 미륵보살 마하살이 상수가 되었다.

그 때에 부처님이 그 하늘에서 석 달 동안 안거하시면서 어머니를 위하여 설법하시어 모든 하늘의 무리에게 많은 이익을 주시니, 무량한 하늘의 무리들로 하여금 괴로움을 떠나 해탈케 하고, 모두 법의 이익을 얻고, 큰 복의 결과를 얻게 하시었다.

그 때에 그 무리 안에 한 천자가 있었으

---

1) 파리질다라나무 / 향변수라고 번역함. 도리천의 제석 궁인 선견성 북쪽에 있는 나무

나, 수명이 다할 때가 되어 다섯 가지 쇠퇴하는 모양이 나타났다. 그러나 법을 들은 공덕으로 목숨이 다한 뒤에 도리어 하늘에 태어나서 영원히 악도를 여의었다.

그 때에 염부제에는 부처님께서 안계시니, 마치 어두운 밤에 달이 없는 것 같았으며, 나라에는 임금이 없고 집에는 가장이 없는 것 같아서, 일체의 즐거움과 웃음과 오락은 하나도 없었다. 이 때에 중생들은 고독하고 의지할 곳이 없어서 모두 마음으로 부처님을 생각하면서 큰 근심을 내니 마치 부모를 잃은 듯 하였으며, 화살이 가슴에 박힌 듯하였다. 모두 부처님께서 계시던 곳에 갔으나, 동산이나 숲이나 뜰이나 집안이 모두 비어 있고, 부처님이 안계시니 슬픈 생각이 그칠 줄을 몰랐다.

그 때에 우타연왕[2]이 궁중에 있었으나, 항상 슬픈 생각을 품고 부처님을 목마르듯 우러러 왕후나 채녀 등과 노는 온갖 즐거운 일에 마음을 두지 않고 이러한 생각을 하였다.

　'내가 지금 근심하고 슬퍼하니 머지않아 죽을 것이다. 어떻게 해야 내가 목숨을 버리기 전에 부처님을 뵈올 수 있을까.'

　이어 다시 생각하였다.

　'어떤 사람이 마음에 사랑하는 이가 있지만 만나볼 수 없을 때, 그가 머물던 곳이나 비슷한 사람만 보아도 근심과 걱정을 잊을 수 있다고 하지 않던가?'

---

2) 우타연왕(優陀延王) / 우전왕이라고도 함. 신앙심이 깊은 국왕으로 부처님이 삼십삼천에서 생모를 위해 설법하고 계실 때 부처님을 배알하지 못한 괴로움으로 병이 생기자 많은 신하들이 그의 쾌차를 빌며 우두산의 향목 우두전단향으로 불상을 만들었는데 이것이 인도에서 최초로 만들어진 불상이라고 함.

그가 또 생각하였다.

'만일 나도 지금 부처님께서 머무시던 곳에 나아갔다가 부처님을 뵈옵지 못하면 슬피 울고 감격에 겨워서 행여 죽을지도 모를 일이다. 내가 이 세상을 보건대 한 사람도 부처님의 색상과 복덕과 지혜가 같은 사람이 없으니, 어떻게 이러한 사람들을 보고 근심과 번뇌를 없앨 수 있을 것인가.'

그리고 또 생각하였다.

'내가 지금 부처님의 형상을 조성하여 공양하고 예배하리라.'

그는 다시 생각하였다.

'만일 내가 부처님의 모습을 조성하여도 부처님과 같지 않으면 나는 반드시 무량한 죄를 지을까 두렵구나. 가령 세간에 지혜 있는 이들이 모두 함께 부처님의 공덕을 칭송

하여도 다하지 못할 것이다. 만일 어떤 사람이 분수에 따라 찬미할지라도 얻는 복이 무량하니, 나도 분수에 따라 조성하리라.'

왕은 곧 나라 안에 있는 모든 조각하는 사람들을 불러 모아서 그들에게 말하였다.

"누가 나를 위하여 능히 부처님의 형상을 조성하겠는가. 값진 보배로 보수를 후히 주리라."

조각가들은 다 같이 왕에게 여쭈었다.

"왕께서 이제 칙명하신 바는 심히 어려운 일이옵니다. 부처님의 상호는 세간에 짝할 이가 없으니, 저희들이 어떻게 능히 부처님의 형상을 조성하겠나이까. 비록 비수갈마천[3]이 만들지라도 부처님과 같게 하지는 못

---

3) 비수갈마천(毘首羯摩天) / 제석천의 신하로 여러 가지 조각상을 만들었음. 건축을 맡은 천신.

할 것이거늘 하물며 저희들이 분부를 받잡
고 부처님의 형상을 조성한다면 겨우 나계[4]
와 옥호[5]의 일부분 밖에 그 모습을 흉내 낼
수 없을 것이오니, 나머지 모든 상호와 광명
과 위덕을 어떻게 능히 짓겠습니까?"

부처님께서 머지않아 하늘에서 내려오실
터 이온데 조성한 형상이 만일 이지러지거
나 잘못되었다면 저희들의 명예는 모두 잃
게 되옵니다. 아무리 헤아려 보아도 감히 조
성할 능력이 없나이다."

왕은 다시 말하였다.

"내 뜻은 이미 결정되었으니 사양하지 말
라. 어떤 사람이 목이 말라서 강물을 마시려
할 때에 다 마시지 못할까봐 염려되어 마시

---

4) 나계 / 부처님의 머리털.

5) 옥호(玉毫) / 부처님의 백호상(白毫相)을 말함.

지 않겠는가?"

이 때에 모인 사람들은 왕의 이러한 말을 듣고 모두 왕의 앞에 나아가 꿇어앉아 말하였다.

"분부대로 하겠나이다. 그러나 대왕께 청하오니 허락하여 주옵소서. 저희들이 오늘 밤에는 잘 생각하고 내일 아침부터 일을 시작하겠나이다.

왕께서 이제 불상을 조성하시려면 순전한 자단(紫檀)의 나무로서 문채와 체질이 굳고 조밀한 것을 사용하심이 마땅할 것이옵니다. 그 형상은 앉은 모습으로 하오리까. 서 계시는 모습으로 하오리까? 그리고 높고 낮음은 어떻게 하오리까?"

왕이 이 의견을 여러 신하들에게 물으니, 한 슬기로운 신하가 왕에게 나와 여쭈었다.

"대왕이시여, 마땅히 부처님의 앉으신 형상을 지으시옵소서. 왜냐하면, 모든 부처님들께서 큰 깨달음을 얻으시고, 바른 법 바퀴를 굴리시고, 큰 신통을 나타내시고, 외도를 항복 받으시고, 큰 불사를 이룩하실 적에는 모두 앉으셨나이다. 그러므로 반드시 사자좌 위에 가부좌를 맺으신 형상을 조성하심이 옳지 않겠습니까?"

그 때에 비수갈마천이 멀리서 이러한 광경을 보고 왕의 뜻이 불상을 조성하려는 것을 알았다. 그는 그날 밤에 이러한 생각을 하였다.

'내 솜씨는 가장 공교로워서 세간에 나와 같을 이가 없으리니, 만일 내가 짓기만 한다면 반드시 조금쯤을 부처님을 닮게 하리라.'

곧 그는 장인의 몸으로 변화하여 모든 날

카로운 기구들을 가지고 이튿날 이른 아침
에 왕궁 앞에 나타나서 문지기에게 말하였
다.

"나는 지금 대왕을 위하여 불상을 조성하
려 한다. 내 솜씨는 세상에 견줄 이가 없으
리라. 바라건대 대왕께서는 다른 사람에게
시키지 못하게 하라."

왕은 이 말을 전해 듣고 마음속으로 대단
히 기뻐하여 들어오도록 명령했다. 그의 용
모를 관찰하니 틀림없이 뛰어난 장인임을
알고 문득 생각하였다.

'세간의 어디에 이러한 사람이 있었으랴.
행여 비수갈마천이나 혹 그의 제자가 오신
것이나 아닐까?'

왕은 그 때에 몸에 걸쳤던 영락을 자기 손
으로 받들고 와서 그의 목에다 걸어 주고,

이어 다시 무량한 갖가지 보물을 주기로 허락하였다. 그리고 왕은 곧 창고를 주관하는 대신과 함께 궁내의 창고 안에서 향나무를 선택하여 몸소 어깨에 메어다가 천장(天匠)에게 주면서 말하였다.

"착한 그대여, 이 나무를 사용하여 나에게 불상을 조성하여 주되 부처님의 형상과 똑같게 하시오."

그 때에 천장은 대왕에게 여쭈었다.

"나의 솜씨가 비록 제일이라고는 하나, 부처님의 형상을 조성하기에는 아무래도 미칠 수 없을 것입니다. 비유컨대 어떤 사람이 숯검정으로 해를 그려 놓고 비슷하다 하더라도 그렇지 못함과 같을 것입니다. 설사 진금으로 불상을 짓는다 하여도 또한 그러합니다. 이도들은 말하되, 범왕이 능히 일체

세간을 지었다 하나 부처님의 형상은 짓지 못할 것이며, 모든 상호를 다하지도 못할 것입니다. 다만 나의 솜씨가 세상에서 최상이 될 뿐이므로 내가 지금 왕을 위하여 지을 뿐입니다. 이 아침은 마침 이 달의 초파일이며, 불사는 잠들어 합쳐지고, 비바사지는 나타날 것이오니, 부처님께서 처음으로 탄생할 적에도 이러한 상서로움이 있었나이다. 이러한 날에 상서로운 경사가 마땅히 일어나야 할 것입니다."

이렇게 말하고 도끼를 들어 나무를 찍으니, 그 소리가 위로 삼십삼천에 사무쳐 부처님이 계신 곳에 이르렀다. 부처님의 신력으로 소리가 미치는 곳의 중생이 들은 이는 죄와 때와 번뇌가 모두 사라졌다. 그 때 부처님께서 미소를 지으시며 여러 가지로 그 왕의 공덕을 찬탄하시었으며, 멀리서 아뇩다라삼먁삼보리의 수기를 주시었다.

제2장 부처님께서 조상공덕을 하늘무리에게 설하심

그 때에 삼십삼천의 주인이 부처님께 여쭈었다.

"부처님이시여, 지금 인간의 세상에서 누군가 지난 생에 부처님의 형상을 지었던 이가 있겠나이까?"

부처님께서 말씀하시었다.

"천왕들이여, 일찍이 부처님의 형상을 지은 일이 있는 그들은 모두 과거에 이미 해탈을 얻었다. 하늘 대중 가운데도 있지 않거늘 하물며 다른 곳에 있겠느냐. 오직 북방 비사문[6]의 아들인 나리사파가 옛날에 보살상을 조성하였는데, 이 복으로 후에 왕이 되어 빈비사라라 하였고, 다시 나를 본 인연으로 이제 천상에 태어나서 큰 세력이 얻고, 영원히 악도를 여의었다.

우루빈나가섭과 가야가섭과 나제가섭은 모두 지난 세상에 오래된 불당을 수리하고, 이 인연으로 해서 영원히 해탈을 얻었다. 교범바제는 옛날에 소의 몸을 받고서 물과 풀을 찾아 정사(精舍)를 오른편으로 돌면서 풀과 대잎을 먹다가 부처님의 동상을 보고 환희심을 일으켜, 이러한 복 때문에 이제 해탈을 얻었다. 시비라는 일찍이 보배의 일산을

---

6) 비사문(毘沙門) / 사천왕의 하나. 다문(多門). 보문(普門)이라고 번역. 다문천왕을 가리킴.

가지고 불상에 공양하였으며, 아나율은 등불 하나를 가지고 공양하였다. 수비나는 불당을 쓸었으며, 아바마나는 불상 앞에 등을 켜서 밝음을 보시하였다. 난타비구는 부처님의 동상에 소중한 생각을 내어 향수로 씻어 목욕시키었나니, 이렇듯 무량한 아라한들이 모두 일찍이 불상 앞에서 간략한 공양을 드렸다. 그처럼 나가파라와 같게 하거나, 불상의 좌대 앞에서 조그만 황단(黃丹)으로 하나의 동상을 그리고 공양하여 이러한 복으로 말미암아 모두 영원히 괴로움을 여의고 해탈을 얻었다.

천왕들이여, 만일 다시 어떤 사람이 능히 나의 법이 멸해 없어지기 전에 불상을 조성하는 이는 미륵의 첫째 모임에서 모두 해탈을 얻을 것이다. 만일 어떤 중생이 다만 자기의 출리(出離)만을 위할 뿐 아니라, 위없는 깨달음을 얻고자 하여 불상을 조성하는 이가 있다면, 마땅히 알라. 이는 32상의 원인이 되어서 능히 그 사람으로 하여금 속히 부처를 이루게 한다.”

제3장 우타연왕이 불상을 조성함

그 때에 우타연왕은 마음속으로 생각하였다.

'어떻게 하면 내가 불상조성을 속히 성취할 수 있을까?'

이렇게 생각한 왕은 장인에게 말하였다.

“그대는 부지런한 마음으로 서둘러서 공사를 속히 마치도록 하라. 그리하여 나로 하여금 빨리 뵈옵고 예경케 하라."

이 때에 천장은 그의 솜씨를 다하고 정성을 기울여 게을리 하지 않으니, 날이 저물기 전에 이루어졌다. 그 모양은 가부좌를 하였는데, 높이가 일곱 자요 얼굴과 손발이 모두 붉은 금빛이었다. 때에 우타연왕이 불상이 이루어져 상호가 원만하심을 보고 마음에 청정한 믿음을 내어 유순인[7]을 얻었다. 이미 유순인을 얻고 더욱 기뻐하며 경사롭게 여기니, 업장과 모든 번뇌가 모두 소멸되었다. 마치 해가 돋자 안개와 이슬이 저절로 걷히는 것 같았으나 오직 한 가지 현재의 몸으로 받은 것만은 포함되지 않았다. 그 까닭은 일찍이 성인에게 나쁜 말을 했기 때문이다.

---

7) 유순인(柔順忍) / 보살 수행의 계위를 5인(忍)으로 나눈 중에 셋째. 4지·5지·6지의 보살.

그 때에 왕은 곧 여러 가지 뛰어나고 진기하고 이상한 물건으로 그 천장에게 상을 주니, 천장이 왕에게 여쭈었다.

"왕께서는 지금 불상을 조성하시고 나는 마음으로 좋아하였소. 원컨대 대왕과 함께 이 복을 닦을지이다. 이렇게 빌었습니다. 이제 왕께서 주시는 것은 내가 감히 받을 수 없으니, 만일 주시려면 다른 좋은 날을 기다리십시오."

이렇게 말하고 그 날 밤에 본래의 하늘로 올라갔다.

그 때에 그 나라의 왕인 아사세가 전부터 부처님을 마음속으로 목마르듯 사모하다가, 왕이 불상을 조성하여 마치었음을 듣고 모두 기쁘고 경사스러운 생각을 일으켰다. 모든 사람들은 함께 왕에게 이르러 무량한 꽃·향·음악으로 불상에게 공양하였다. 또 가지가지 진기한 보물을 왕에게 바치면서 말하였다.

"대왕께서 하신 일은 심히 희유하시어서 능히 우리들의 근심과 걱정의 독한 화살을 뽑으셨습니다."

제4장 부처님께서 하늘무리에게 설법을 마침

그 때 부처님께서 저 하늘에 계시면서 어머니를 위하여 설법하시니, 모든 하늘의 무리들까지 두루 이익과 기쁨을 얻었다. 부처님께서는 하시던 일을 마치시고는 다시 무리에게 말씀하시었다.

"모든 천자여, 여러 부처님께서는 항상 우리 곁에 계시는 참다운 몸이시나, 중생 중에 제도할 이가 있으면 곧 출현하여 교화하고 설법하신다. 만일 일을 마치고 다시 교화를 받을 이가 없으면 부처님께서는 나타나지 않는다. 지혜가 없는 이는 부처님이 실제로 없어진다 하지만, 부처님의 몸이란 법신[8] 상신이어서 실제로 없어지는 것이 아니다.

　모든 천자여, 모든 부처님의 법은 모두 이러하여서 중생을 교화하기 위하여 나타나거나 나타나지 않거나 한다."

　그 때에 부처님께서 다시 말씀하시었다.

　"너희들은 마땅히 알라. 이 하늘의 모든 무리에서 마땅히 제도할 것은 모두 제도하

---

8)　법신(法身) / 빛깔도 형상도 없는 부처님의 진신

였으니, 나는 이제 곧 염부제로 내려가려 하노라. 너희들 모든 하늘무리들이 만일 나를 생각하는 이가 있으면 반드시 부지런히 정진하고 다시 방일(放逸)하지 말아라. 왜냐하면, 방일의 허물 때문에 너희들이 아뇩다라 삼먁삼보리를 얻지 못하게 된다. 그러나 너희들은 이미 과거세에 선근을 심은 까닭에 이제 여기에서 하늘의 쾌락을 받았다. 만일 방일에 집착하여 복되는 행을 닦지 않으면, 이런 복덕은 무상한 것이어서 한번 떨어지면 길이 악도에 빠지게 된다.

또 너희들 모든 천자들은 번뇌가 더욱 무거우니 자기보다 뛰어난 것을 보면 문득 질투한다. 그러나 한 번도 그들의 뛰어난 쾌락이 많은 복업으로 말미암아 이루어진 것임을 생각지 않는구나. 그대들도 만일 부지런히 닦으면 반드시 깨달음을 얻는다. 또 이제 너희들의 몸에서 나는 광채는 해가 처음 돋을 때와 같으나, 만일 질투심을 품으면 어둡기가 검은 숯과 같이 될 것이다. 또 큰 흑암 속에 떨어져서 자기의 손과 손바닥을 보지 못하게 될 것이며, 뒤에는 다시 먹은 것을 토하는 귀신이 된다.

또 너희들 모든 하늘무리가 몸매가 장엄하고 청결하며 위세가 용맹하나, 질투를 하게 되면 반드시 여자의 몸을 받고 영원히 장부의 용맹한 힘을 잃는다.

모든 천자여, 내가 생각하니 옛날에 무량한 왕들이 있었는데, 모두 너희들이 질투하는 마음에서 그들을 해쳤다.

모든 천자여, 옛날에 아수라왕이 있었으니 이름이 오라였다. 고행을 닦고 계품이 청결하였는데, 너희들 모든 하늘이 오바시라는 하나의 천녀를 보내어, 그 왕의 마음을 홀리게 하여 맑은 행을 깨뜨렸다. 그래서 그 왕이 물들어 위덕을 잃어버리고 나라연천에게 살해되었으며, 무량한 아수라의 무리도 함께 패망하였다. 그 나라연천은 이 아수라왕을 죽이고 또 그 무리를 전멸시켰으며, 마침내는 오바시를 데리고 천궁으로 돌아갔다.

또 하나의 왕이 있었으니 이름이 나하수(那訶受)였다. 너희들 모든 하늘이 속이는 말로 모든 하늘무리를 도와서 아수라를 토벌케 하고 아수라가 멸한 뒤에 너희들은 도리어 그에게 해를 입히었다. 또 너희들 모든 하늘의 무리는 사지부인(舍支夫人) 때문에 마음에 질투심을 일으켜 거짓으로 참소와 훼방을 했다. 그리하여 아가바 선인으로 하여금 까닭없이 혐의를 입히고 악한 발원을 일으키게 하였다. 또 너희들 모든 하늘은 일찍이 거짓말을 하였으니, 에다왕에게 말하였다. '선인들의 처소에 진금이 많다.' 왕이 이 말을 믿고 선인들을 구박하고 내쫓으니, 선인이 이로 말미암아 마음에 분한 생각을 내자, 즉시에 맹렬한 불길이 일어나 그 왕을 태워 죽이었다.

또 옛날에 왕이 있었으니 이름이 제바 였다. 일찍이 대회를 베풀어 공양을 하였더니, 이러한 복업으로 위력을 두루 갖춰 이 하늘에 태어나서 하늘의 쾌락을 받았다. 너희들 모든 하늘이 마음에 질투를 품고 도리천에서 물러나 염부제로 떨어지게 하니, 있던 바 위세는 모두 없어지고 달의 빛이 없는 것 같으며, 강에 물이 없는 것같이 되었다.

모든 천자여, 세상에 어떤 사람이 있어 위덕이 자재하며, 혹 모든 선정을 얻거나, 혹 신통을 얻거나, 혹 네 가지 신족을 성취하였을지라도, 만일 한 생각이나 질투하는 마음을 일으키면 이러한 공덕은 일시에 없어지고 만다. 마치 제바달다(提婆達多)가 어리석음이 두텁고 무거워서 나에게 질투하는 마음을 내었다가 즉시에 다섯 가지 신통을 잃은 것과 같다."

그 때에 제석천이 부처님께 여쭈었다.

"부처님, 제가 이제 의심이 있어 묻고자 하나이다. 질투란 무엇이옵니까?

부처님이시여, 만일 어떤 중생이 남이 저보다 뛰어난 것을 보고 생각하되, '어찌하면 나도 저이가 얻은 것을 얻을 수 있을까.' 한다면 이러한 마음도 질투라 하겠나이까?"

부처님께서 말씀하시었다.

"아니다. 이는 탐내는 마음이요, 질투는 아니다.

천주여, 질투란 자신이 구하는 명리를 남이 갖는 것을 싫어하며, 이것을 가진 사람에게 미운 생각을 내는 것을 질투라 한다."

그 때에 모든 하늘의 무리가 모두 자리에서 일어나 오른 무릎을 땅에 대고 합장하며 부처님께 여쭈었다.

"부처님께서 가르쳐 주신 대로 저희들 모든 하늘무리는 모두 받들어 수행하겠습니다. 부처님께서는 아버지이시며 임금이시며 높으시며 중하시며 가장 거룩한 분이십니다. 능히 대비심을 내시고, 이곳에 오시어 모든 하늘무리로 하여금 모두 이익을 얻게 하시었으나, 저희들의 소원이 아직 원만치 못하여 거듭 부처님께 한 가지 청하고자 하나이다.

부처님이시여, 세상 사람들은 흔히 저희들에겐 업신여기는 마음이 있으니 무슨 까닭이옵니까? 모든 부처님·여래님께서 인간에 태어나시는 까닭이옵니까? 아니면 인간 가운데서 정각을 이루시는 까닭이옵니까? 또는 인간 가운데 많은 아라한이 도를 얻는 까닭이옵니까? 혹은 모든 위력이 큰 벽지불들이 인간으로 나타나는 까닭이옵니까? 부처님께서 방금 여기에 머무르시지 않고 염부제에 내리시면, 세간 사람들은 저희들 모든 하늘의 무리를 일러 말하기를 '여래께서는 큰 위덕이 있으시어 능히 모든 하늘의 법다운 공양을 받으실 수 있음을 모른

다.' 하였을 것이옵니다. 또 말하기를 '저들은 모든 부처님께 공양하지 못하리라'하리니, 바라옵건대 부처님께서는 조금만 여기에 머무르시어 저희들의 공양을 받으시고 저 인간의 세상으로 하여금 저희들 모든 하늘무리도 부처님께 공양하였음을 알게 하옵소서."

부처님께서는 묵묵히 허락하시었다. 그리고 대목건련에게 말씀하시었다.

"너는 먼저 염부제에 가서 사부중에게 안부하고 다시 말을 전하라. '일체중생이 부처님을 보고자 하는 이는 모두 승가시나라로 모여라. 이 후에 7일이 지나면 모두 부처님을 보게 되리라.'고 하라."

그 때에 대목건련은 부처님의 발에 절하였다. 절을 하고 나서 눈 깜짝할 사이에 염부제에 이르러 부처님의 말씀을 모든 대중들에게 전달하였다.

그 때에 우타연왕의 무리와 일체중생이 부처님의 이 말씀을 전해 듣고, 몸과 마음이 즐겁고 들떠서, 모두 근심걱정을 소멸하였으며 두루 청량을 얻었다.

그 때에 사부중인 비구 · 비구니 · 우바새 · 우바이가 함께 승가시나라에 나아가려 하여 모두 왕사성에 먼저 모여서 서로서로 의논하였다.

"부처님께서 염부제에 내려오시면 누가 먼저 공경 · 예배하여 법이 다할 때까지 항상 으뜸가는 제자가 될 것인가."

그 때에 마하가전연이 이 말을 듣고 비구니가 상수가 되지나 않을까 하여 마음속으로 불쾌하였다. 그것은 그들의 무리에는 우바난타와 연화색 두 비구니가 있어 능히 제불의 법장(法藏)을 잘 통달하였으며, 얻은 신통도 목건련을 제외하고는 이들을 따를 이가 없었기 때문이었다. 이렇게 생각하고는 가지가지로 비구니의 무리를 꾸짖었다.

그 때에 연화색 비구니는 모든 비구니에게 말하였다.

"우리들 여인네는 속가(俗家)에 있으면서도 항상 차별대우를 받았다. 비록 종족이 낮고 천한 자일지라도 장부라면 공경하고 예배하고 존중하고 섬기고 공양하여야 하며, 불법 안에서도 모든 비구니는 부모와 권속이 많이는 왕족이거나, 정진하고 계를 지녀 위의를 범하지 않고 모든 덕업을 갖추었을지라도 처음 계를 받은 비구에게 예경케 한다. 또 가전연존자께서는 지금 이렇듯 가지

가지로 꾸짖으니, 내가 너희들을 위하여 모든 방편을 베풀어서 비구니로 하여금 그들보다 뛰어나게 하리라."

그는 모든 사부중을 거느리고 곧장 승가시성으로 향하였다.

그 때에 바사닉왕과 아사세왕과 비사리 나라의 엄치왕들이 각각 모든 군사들을 앞뒤로 거느리어 큰 세력을 떨쳤다. 타고 있는 코끼리와 말들은 모두 갖가지 보물로 장엄하였고, 번·일산·향·꽃과 여러 가지 기악(伎樂)은 위의와 용모가 엄숙하고 정연하여, 형상이 모든 하늘과 같이 모두 승가시성으로 가는 길이었다.

그 때에 우타연왕은 엄숙하게 모든 군사들을 정돈하여 시종을 삼고 크고 흰 코끼리를 탔으니, 진기한 보배로 찬란하게 꾸몄다.

자기가 조성한 불상을 몸소 어깨에 메고, 꽃과 번과 음악으로 뒤를 따라 공양하면서 본국에서 승가시성으로 향하였다.

그 때에 비수갈마천과 모든 하늘무리가 부처님께서 장차 염부제에 내리고자 하심을 알고, 승가시성에서 도리천까지 세 갈래의 보배로 된 층계의 길을 만드니, 그 층계의 가운데 길은 유리로 이루어졌고, 양쪽 가의 층계는 모두 황금으로 되었으며, 발이 닿을 곳에는 백은(白銀)을 깔고, 모든 하늘의 칠보로 사이사이 꾸미었다.

그 때에 제석이 야마천·도솔천·화락천·타화자재천과 범세에 사자를 보내어 말하였다.

"부처님께서 오래지 않아 염부제로 내려 가시니, 공양하고자 하는 이가 있으면 이곳으로 오기 바랍니다."

다시 사천왕천·대해용왕·건달바·긴나라·야차들에게 사자를 보내어 말하였다.

"부처님께서 이제 염부제로 내려가시니, 있는 것을 가지고 이에 와서 공양함이 좋겠노라."

때에 모든 하늘의 무리와 용신들이 이 말을 듣고 모두 도리천으로 모여들었다.

제5장 부처님께서 염부제에 내려오심

그 때에 부처님께서 수미산 꼭대기에서 장차 내려오시려 할 적에 모든 하늘들은 앞뒤에서 따라 모시고 위덕이 두루 떨치니 광명이 찬란했다. 마치 둥근 달이 허공에 있으면 무릇 별이 둘러싼 것 같았으며, 해가 처음 돋을 적에 채색 노을이 아름답듯 그 때 부처님과 무리의 모임이 이와 같았다.

그 때에 염부제 안에는 부처님의 위력으로 다섯 가지 희유한 일이 생겼다. 첫째는 저 하늘사람으로 하여금 인간의 부정한 물건을 보지 못하게 함이요, 둘째는 모든 여인으로 하여금 하늘의 남자들을 보아도 욕정이 나지 않게 함이요, 셋째는 장부들로 하여금 천녀들을 보아도 딴 생각이 나지 않게 함이요, 넷째는 인간들로 하여금 모든 하늘이 가지가지로 공양하는 것을 멀리서 보게 함이요, 다섯째는 모든 하늘의 몸이 빛나고 맑고 미세하여 사람은 볼 수 없는 것이 부처님의 신력으로 버젓이 밝게 드러내서 모두 보게 함이었다.

그 때에 부처님이 하늘에서 처음으로 발을 내리시어 보배의 층계를 밟으시니, 범왕은 오른편에서 흰 일산을 잡고, 제석은 왼편에서 흰 불자(拂子)를 잡았다. 그 밖의 모든 하늘은 모두 허공을 타고 부처님을 따라 내려오되 일시에 가지가지 음악이 흘러나오고, 제각기 짐대(幢)와 번과 보배의 일산을 갖거나 꽃을 뿌리면서 공양하였다. 정거천(淨居天)의 무리는 허공에 가득하였으며, 무량한 모든 하늘의 채녀들은 보배의 구슬과 영락을 가지고 부처님의 공덕을 노래로 찬탄하였다.

무량한 하늘이 허공에서 가지가지의 향과 가지가지 꽃을 뿌리고 모든 용은 미세한 향의 비를 뿌리었다.

그 때에 하늘은 맑아서 구름이 없었거늘 우레 소리가 미묘하여 듣는 이는 모두 기뻐하였으며, 건달바와 긴나라의 신들은 제바나가의 미묘한 곡을 연주하여 부처님의 본생사를 노래하고 찬송하였다. 그 때에 염부제에서는 왕들과 백성들과 사부대중이 승가시성을 겹겹으로 둘러싸고 모두 모여 혹은 향기로운 꽃을 뿌리며, 혹은 짐대와 일산을 받들었다. 소라를 불고 북을 쳐서 갖가지 음악으로 허공을 향하여 공양하며, 손을 들어 합장하여 부처님을 우러러 뵈었다. 인간과 하늘의 이름난 꽃이 아래위로 엇갈리며 어지러이 쏟아져서 무릎까지 쌓여지니, 모든 외도들도 이 일을 보는 이는 모두 발심하여 귀의하고 예경하였다.

　그 때에 부처님께서 보배층계를 밟으시

고 차츰차츰 내려오시어 중간쯤에 이르셨
다. 사천왕천이 그 곳에다 크게 공양을 베풀
었으니, 이 공양은 수승하고 미묘하여 이제
까지 유례없던 일이었다.

그 때 부처님께서 하늘의 공양을 다 받으
시고 다시 대중과 함께 층계를 따라 내려와
서, 가장 밑의 층계에 이르시어 땅을 밟으시
려 할 때였다. 연화색 비구니가 그 몸을 변
화하여 전륜왕이 되어 네 가지 병졸을 거느
리고, 일곱 가지 보배를 앞세우고, 하늘에서
내려와 재빨리 부처님 앞에 이르렀다. 모든
국왕들은 제각기 생각하였다.

'이 전륜왕은 어디서 오셨을까?'

그 때에 수보리존자가 자기 방 안에 있으
면서 부처님께서 내려오심을 보고 옷깃을
바로 하고 멀리 예경을 드리었다. 때에 연화

색 비구니는 전륜왕의 몸을 버리고 본래 형상으로 돌아가서 황급히 부처님 발 앞에 정례하였다.

그 때에 부처님께서는 가지가지로 그 비구니를 꾸짖으셨다.

"너는 알겠느냐. 수보리가 이미 먼저 나에게 예경하였다. 너는 누구의 가르침을 받고 전륜왕으로 변화하였는가. 너희들은 출가하는 것이 허락되고, 구족계⁹⁾를 받는 것은 이미 분수에 넘쳤다. 그럼에도 너는 지혜롭지 못한 까닭에 외람되고 거짓됨이 가이 없구나. 자비와 은혜를 갚으려는 생각이 이슬 한 방울과 같거늘 어찌 나의 법에서 으뜸가는 제자가 되고자 하는가?"

9) 구족계(具足戒) / 비구. 비구니가 받아 지킬 계법. 비구 250계. 비구니 348계.

그 때에 연화색비구니가 부처님의 타이르심을 듣고 깊이 뉘우치고 부끄러운 생각이 들어 곧 부처님께 여쭈었다.

　"부처님, 제가 지금 허물이 많음을 알았나이다. 지금부터는 감히 다시 신통을 나타내지 않겠나이다."

　그 때에 염부제의 모든 국왕들과 대신들과 사부대중들은 가지고 온 가지가지 공양거리로 부처님께 공양하였다. 우타연왕은 불상과 여러 가지 최상의 공양거리와 진기하고 이상한 물건을 머리에 이고 부처님 앞에 나아가 받들어 올렸다. 부처님의 몸매와 상호는 단정하고 장엄함이 구족하시어 모든 하늘 가운데서 뚜렷하고 밝게 드러나서, 마치 둥글고 밝은 달이 구름과 안개를 벗어난 듯하였고, 조성한 불상은 마치 작은 언덕을 수미산에 견주는 것 같아서 비유할 수도 없었다. 다만 나계와 옥호만이 조금 부처님을 닮아서 사부 대중이 모두 그것이 불상임을 알 수 있었다.

그 때에 우타연왕이 부처님께 여쭈었다.

"부처님이시여, 부처님께서는 과거에 나고 죽는 가운데서 보리를 구하시기 위하여 무량무변한 난행(難行)·고행(苦行)을 하시고 이렇게 최상으로 미묘한 몸매를 얻으시니, 아무도 같을 이가 없사옵니다. 제가 조성한 동상이 부처님 같을 수 없사오니 살피시건대 큰 허물이 될까 두렵습니다."

그 때에 부처님께서 그 왕에게 말씀하시었다.

"허물될 것이 없다. 그대는 이미 무량한 이익을 지었으니, 다시 어떤 사람이 그대와 같을 수 없을 것이다. 그대는 지금 나의 불법 안에 처음으로 규칙을 이루었으니, 이 인연으로써 무량한 중생들이 큰 믿음과 이익을 얻을 것이며, 그대도 지금 이미 무량한 복덕과 크나큰 선근을 얻었다."

그 때에 제석천이 다시 왕에게 말하였다.

"대왕께서는 이에 대하여 근심과 걱정을 마시오. 부처님께서는 먼저 하늘에 계실 때나 지금 인간에 계시면서도 모두 그대가 조성하는 불상의 공덕을 칭찬하시었으며, 무릇 모든 하늘무리들도 모두 좋아 하였소. 미래의 세상에 신심이 있는 이는 모두 왕으로 인하여 불상을 조성하고 수승한 복을 받을 것이니, 왕께서는 지금 마땅히 환희하시며 스스로 경사롭게 생각하실 일입니다."

제6장 부처님께서 조상공덕을 설하심

그 때에 부처님께서 승가시도량 사자좌 위에 앉으시니, 모든 사부중은 마음속으로 생각하였다.

'저희들은 부처님께서 불상을 조성하는 공덕을 말씀해 주시기를 원하나이다. 만일 어떤 중생이 부처님의 형상을 조성하되 설사 서로 닮지가 않더라도 얼마나 복을 받겠나이까?'

그 때에 미륵보살마하살이 그들의 생각을 알고, 곧 자리에서 일어나 오른 어깨만을 벗고 예를 갖추어 부처님께 여쭈었다.

"부처님이시여, 이제 우타연왕이 부처님의 형상을 조성하였사오니, 만일 부처님께서 세상에 계실 때나 또는 부처님께서 이미 열반에 드신 후에나, 어떤 이가 신심으로 형상을 조성하는 이가 있으면 얻게 되는 공덕을 부처님께서 널리 말씀하시어 주시옵소서."

부처님께서 미륵에게 말씀하시었다.

"미륵아, 자세히 듣고 잘 생각하여라. 너에게 말하겠다. 만일 어떤 청정하게 믿는 선남자, 선여인이 이 부처님의 공덕에 정성을 모으고 생각을 모아서 항상 부처님을 관찰한다고 하자. '위덕이 자재하시며 십력과 사무소외와 십팔불공법과 대자대비와 일체지혜와 지혜를 두루 갖추셨다. 32종의 대인의 상호와 팔십 가지 좋은 맵시를 갖추시었으며, 낱낱 털구멍에 모두 무량하고 다른 빛깔의 광명이 있다. 백 천억의 수승한 복덕과 장엄을 이루셨다. 무량한 법인(法忍), 무량한 다라니와 무량한 신통과 이러한 모든 공덕이 모두 무량하시며, 여러 가지 과실을 모두 떠나시어 이와 같을 이가 없다.' 이 사람이 이렇게 자세히 생각하고 깊이 믿고 즐거운 마음을 내어, 모든 상호에 의하여 불상을 지으면 공덕이 광대하며, 무량무변하여 헤아리고 일컬을 수 없다.

미륵아, 만일 어떤 사람이 여러 가지 비단으로 그림을 그리거나, 혹은 금·은·동·철·납·주석 따위 물건을 녹이어 붓거나, 혹은 전단향 따위를 조각하거나, 혹은 진주·소라껍질·비단 따위를 섞어서 수놓고 얽어서 이루거나, 붉은 흙·배괴 또는 진흙 아니면 나무 따위의 물건으로 그 힘과 분수에 따라 불상을 조성하되 너무 작아서 하나의 손가락 크기와 같을지라도, 보는 이로 하여금 이것이 부처님의 상호임을 알게만 하면 그 사람의 복보를 내가 지금 말하여 주겠다.

　미륵아, 이러한 사람은 비록 나고 죽는 갈래에서 떠돌지라도 빈궁한 집에 태어나지 않는다. 또한 변두리 작은 나라의 낮고 못생긴 종족과 고독한 집에 태어나지 않는다. 또한 미려차 따위와 상점이나 노점이나 행상하고 품 팔고 도살하고 술파는 집들에 태어나지 않으며, 천한 재주와 부정한 종족과 외도의 고행을 하는 사견(邪見)의 집에는 태어나지 않는다. 원력에 인한 이를 제외하고는 결코 그러한 곳에 태어나지 않으리니, 이 사람은 항상 전륜성왕이나 큰 세력이 있는 종족의 집에 태어나며, 혹은 청정히 수행하는 바라문이나 부귀가 자재하여 과실이 없는 집에 태어난다. 나는 곳마다 항상 모든 부처님을 만나 받들어 섬기고 공양하며, 혹은 왕이 되어 바른 법을 가지고 법으로써 교화하여 그릇된 도를 행하지 않는다. 또 전륜성왕이 되어서 칠보를 성취하고 천 명의 아들을 두며, 허공으로 돌아다니면서 4천하를 다스린다. 목숨이 다하도록 자재하고 풍요하며, 혹은 제석·야마천왕·도솔천왕·화락천왕·타화자재천왕이 되어서 인간과 천상의 쾌락을 받지 않음이 없게 된다.

이러한 복된 과보는 상속하여 끊임이 없나니, 태어나는 곳마다 항상 장부가 되고 여자의 몸을 받지 않을 것이다. 또 내시나 두 가지 모양 따위의 비천한 몸을 받지 않으며, 받는 몸에는 모든 추악한 꼴이 없을 것이다.

눈이 어둡거나 멀지 않을 것이요, 귀는 먹거나 배냇 귀머거리가 안 될 것이요, 코는 굽거나 거슬리지 않고, 입은 비뚤어지지 않을 것이다. 입술은 아래로 처지지 않을 것이며, 또한 우그러지거나 껄끄럽지 않을 것이요, 이는 성글거나 이지러지거나 검거나 누르지 않을 것이다. 혀는 짧거나 급하지 않을 것이요, 목덜미에는 부스럼이 나지 않을 것이요, 외양은 웅크리거나 꼽추가 되지 않을 것이다. 피부색은 얼룩지지 않을 것이요, 팔은 짧거나 촉박하지 않을 것이요, 발은 절지 않을 것이다. 너무 살찌지도 않고 너무 크지도 않고 또한 너무 작지도 않아서, 이러한 온갖 보기 싫은 모양은 모두 없게 된다.

그 몸이 단정하고 얼굴이 원만하며, 머리털은 검푸른 빛이 나고 부드럽고 윤택하여 광채가 맑으며, 입술은 붉은 과일과 같다. 눈은 푸른 연꽃 같고, 혀는 길고 넓으며, 이는 희고 고르고 조밀하며, 말을 하면 교묘하여 능히 듣는 이로 하여금 모두 즐겁게 한다. 팔은 살찌고 길며, 손바닥은 편편하고 두터우며, 허리는 충실하며, 가슴은 광대하며, 손발은 부드러워서 도라솜과 같다. 이 모든 상호를 갖추어 이지러짐이 없어서 나라연천[10]이 큰 근력이 있는 것과 같다.

　미륵아, 어떤 사람이 뒷간에 빠졌다가 나와서 똥과 더러운 것을 떨어버리고 맑은 물로 씻은 다음 향수를 몸에 바르고 새 옷을 깨끗하게 갈아입는다고 하자. 이 사람이 아까 뒷간에서 나오지 못할 때와 비교하면 맑

---

10) 나라연천(那羅延天) / 천상의 역사로써 그 힘의 세기가 코끼리의 백만 배나 된다고 함.

고 더러운 것과 냄새나고 향기로움이 얼마나 큰 차이가 있겠는가. 이 일은 매우 현격하여 대등하기가 몇 배로 따질 수 없다.

미륵아, 만일 어떤 사람이 나고 죽는 가운데서 능히 신심을 내어 부처님의 형상을 조성하면 조성하지 않을 때와 비교하여 그 차이도 이처럼 큰 것이다.

마땅히 알라. 이 사람은 태어나는 곳마다 업장을 맑게 소멸하고, 가지가지 기술을 배우지 않고도 깨치며, 비록 인간의 갈래에 태어나도 하늘의 육근(六根)을 성취하며, 만일 하늘에 태어나면 모든 하늘의 무리를 초월하게 된다. 태어나는 곳마다 모든 병고가 없으며, 가려운 옴이 없으며, 헌데가 없으며, 귀신이나 마귀에게 홀리지 않는다. 미친 병, 지랄병, 마른 골치앓이 따위의 병과 황달과

학질과 맹장과 버짐과 임질과 병도 없이 토하고 싸는 것과 음식이 녹지 않는 것과 온몸이 저리고 쑤시는 것과 반신불수가 되는 일이 없다. 이렇듯 모든 종류의 병이 모두 없을 것이며, 또한 독약과 군인의 형벌과 호랑이와 사자와 물·불과 원수진 이와 도적과 이렇듯 여러 가지의 횡액에 다치는 일이 없을 것이다. 항상 두려움이 없어 모든 죄를 짓지 않는다.

미륵아, 만일 어떤 중생이 지난 세상에 악업을 지어서 마땅히 가지가지 괴로운 일 곧, 칼 고랑 큰칼 족쇄 구타 욕설 소자(燃炙)와 껍질 벗기기, 터럭 뽑기 따위의 일들을 받게 되었을지라도 도리어 허공에 매달려 있을 것이다. 또 사지를 찢기게 되었을지라도 만일 신심을 내어 부처님의 형상을 지으면, 이러한 괴로운 과보는 모두 받지 않는다. 만일 도적이 침노하여 성읍이 파괴되고 악한 별이 변괴를 부려 흉년과 질병이 돌지라도 이러한 곳에는 태어나지 않으리니, 만일 태어났다고 하면 이는 허망한 일일 것이다.”

그 때에 미륵보살마하살이 다시 부처님께 여쭈었다.

“부처님이시여, 부처님께서 항상 말씀하셨습니다. ‘착한 업과 착하지 않은 업은 모두 없어지지 않나니, 만일 어떠한 중생이 모든 중한 죄를 지으면 반드시 낮고 천한 종성의 집에 태어나고, 빈궁하고 병들고 괴롭고 수명은 짧으리라.’ 뒤에 신심을 내어 부처님의 형상을 조성하면 이러한 여러 가지 죄보를 다시 받습니까, 받지 않습니까?”

부처님께서 미륵보살에게 말씀하시었다.

"미륵아, 너는 지금 자세히 들으라. 너에게 말하여 주리라. 만일 그들 중생이 여러 가지 죄를 지었으나 발심하여 불상을 조성하고, 참회를 구하되 결단코 스스로 끊어 다시는 범하지 않기로 맹세하면, 먼저 지은 바는 모두 소멸하게 된다. 내가 이제 너를 위하여 이 일을 널리 밝히리니 미륵아, 비유컨대 어떤 사람이 지난 세상에 탐욕과 인색을 부려서, 이 까닭에 빈궁한 과보를 받는다고 하자. 모든 재물과 보배가 없으며, 먹고 쓸 것도 모자라더니, 홀연히 어떤 비구가 선정에 들었다가 처음으로 선정에서 깨어나는 것을 보고 곧 음식으로써 받들어 공양하였다. 이 사람이 보시한 후에 영원히 빈궁을 버리고 무릇 구하는 것은 모두 뜻대로 이루었다.

미륵아, 그 사람이 전생의 악한 업과 금생에 얻은 과보는 무엇 때문인가?"

　미륵보살이 말하였다.

　"부처님, 밥을 보시한 까닭에 전생의 악한 업이 모두 없어지고 영원히 빈궁을 떠났으며, 큰 부귀를 갖추었습니다."

　부처님께서 미륵에게 말씀하시었다.

　"네 말과 같다. 마땅히 알라. 이 사람도 그러하여 불상을 조성한 까닭에 저 모든 악업이 영원히 다하여 남지 않고, 받아야 할 과보는 모두 받지 않는다.

　미륵아, 업에는 세 가지가 있으니 첫째는 현수(現受)요, 둘째는 생수(生受)요, 셋째는 후수(後受)이다. 이 세 가지 업 가운데 하나하나마다 모두 정(定)과 부정(不定)이 있으니, 만일 어떤 사람이 신심으로 부처님의 형상을 지으면, 오직 현수인 정업을 조금만 받고 나머지는 모두 받지 않는다."

그 때에 미륵보살마하살이 다시 부처님께 여쭈었다.

"부처님이시여, 부처님께서 항상 말씀하시기를 '다섯 가지 업이 가장 무거워서 반드시 무간지옥에 떨어진다.' 하셨습니다. 이른바 부친을 죽이고, 모친을 해치며, 아라한을 죽이고, 악한 마음으로 부처님의 몸에서 피를 내고, 화합한 승단을 깨뜨리는 것이라 하셨습니다. 만일 어떤 중생이 먼저 이러한 죄를 짓고 뒤에 부처님께 청정한 신심을 내어 부처님의 형상을 조성하면, 이 사람은 지옥에 떨어지겠나이까, 안 떨어지겠나이까?"

부처님께서 미륵보살에게 말씀하시었다.

"미륵아, 내가 이제 너에게 다시 비유를 말하리라. 만일 어떤 사람이 손에 억센 활을 잡고 숲 속에서 위를 보고 허공을 쏜다면 그 화살이 뚫고 지나가되 조금도 걸림이 없다. 만일 어떤 중생이 이러한 죄를 범하고, 후에 불상을 지어 정성껏 참회하여 뿌리 없는 신심을 얻고, 아상[11]이 엷어지면, 비록 지옥에 떨어질지라도 곧 나오게 되는 것이 마치 화살이 머물지 않는 것과 같다.

또 어떤 비구가 신족통을 얻으면 바다의 이쪽에서 저쪽 언덕에 이르며, 4대주를 두루 돌되 걸릴 것이 없을 것이다. 이 사람도 그러하여서 전생에 죄를 범했던 까닭에 잠시 지옥에 떨어졌으나, 저 지난 세상 업이

---

11) 아상(我想) / 참다운 내가 있는 줄로 여기는 잘못된 생각.

능히 가로막지 못하리라."

미륵보살마하살이 다시 부처님께 여쭈었
다.

"부처님, 모든 여래님은 법성신[12]이시오,
색상(色相)의 몸이 아닙니다.

만일 색상으로서 불신이라 한다면 난타
비구와 전륜성왕도 모두 부처일지니, 그것
은 모든 상호를 구족한 때문이옵니다. 혹 어
떤 중생이 부처님의 법신을 망가뜨리고 법
은 법이 아니라 말하고, 법 아닌 것을 법이
라 말하다가 후에 발심하여 불상을 조성하
면, 이렇게 중대한 죄도 소멸되겠나이까, 소
멸되지 않겠나이까?"

---

12) 법성신(法性身) / 법신. 시방허공에 주변하고 무량무변
　　의 단엄한 상호장엄이 있으며 한량없는 광명과 한량없
　　는 음성으로써 시방에 가득한 법신보살을 제도하는 불
　　신(佛身).

부처님께서 미륵보살에게 말씀하시었다.

"미륵아, 만일 그 중생들이 법을 법이 아니라 말하고 법이 아닌 것을 법이라 말하여, 입으로 말하고 아직 소견이 망가지지 않은 이가 후에 신심과 즐기는 마음을 내어 부처님의 형상을 지으면, 이러한 전세의 악업은 다만 현재의 몸에서만 가볍게 받고 악도에 떨어지지는 않는다. 그러나 생사에서는 벗어나지 못한다."

그 때에 미륵보살이 다시 부처님께 여쭈었다.

"부처님이시여, 만일 어떤 사람이 불탑의 물건을 훔치거나 승가의 물건 곧, 사방승(四方僧)의 물건이나 현전승의 물건을 훔쳐서, 자기도 쓰고 남에게도 주되, 자기의 물건과 같은 생각을 하면, 부처님께서는 항상 이렇게 말씀하셨습니다.

'불탑의 물건이나 스님들의 물건을 훔치면 그 죄가 심히 무겁다.' 그러나 그 중생이 이러한 죄를 짓고 깊이 스스로 뉘우쳐서 청정한 신심을 내어 불상을 조성하면 이런 죄보들이 소멸되옵니까, 안 되옵니까?"

부처님께서 미륵보살에게 말씀하시었다.

"미륵아, 만일 저 중생들이 일찍이 이러한 물건을 쓰고, 후에 스스로 깨닫고 살피어서 깊이 부끄럽게 뉘우치는 생각을 내어 수효에 따라 곱을 변상하고, 다시는 범하지 않기로 맹세할 것이다. 내가 이제 너에게 한 가지 비유를 말하겠다. 마치 어떤 사람이 먼저는 많은 빚을 지고 있다가 홀연히 노다지를 만나 무량한 보배를 얻고, 그 진 빚을 갚은 뒤에도 많은 재물이 영구히 남았나니, 이 사람도 그러하여서 그 물건을 배상하고 또 불상을 조성하면 모든 괴로움과 근심을 면하고 영원히 안락을 얻는다."

그 때에 미륵보살이 다시 부처님께 여쭈었다.

"부처님, 부처님께서 말씀하신 것과 같이 불법 가운데 바라이[13]를 범하여 살았다고 할 수 없나이다. 혹 어떤 사람이 이러한 죄를 짓고 발심하여, 모든 부처님의 공덕을 생각하여 불상을 조성하면 불법 가운데서 재생할 수 있겠나이까? 또 금생이나 제 2생이나, 제 3생, 제 4생에 불법을 얻을 수 있겠나이까?"

---

13) 바라이(波羅夷) / 육취계(六聚戒)의 하나. 계율 가운데 가장 엄하게 제지한 것. 이 중죄를 범한 사람은 승려로서의 생명이 없어지고 자격을 잃음. 비구는 4바라이가 있고 비구니는 8바라이가 있음

부처님께서 미륵보살에게 말씀하시었다.

"미륵아, 비유컨대 어떤 사람의 몸이 오랏줄로 묶였다가 풀리면 새가 그물을 벗어남에 끝없는 곳에 이른 것과 같다. 이 사람도 그러하여서 만일 발심하여 부처님의 공덕을 생각하고 불상을 조성하면 일체업장이 모두 녹아 없어지고 나고 죽는 가운데서 속히 벗어나서 걸림이 없게 된다.

미륵아, 마땅히 알라. 승(乘)은 세 가지가 있으니, 이른바 성문승과 독각승과 그리고 보살승이다. 이 사람이 어떤 승에 원하고 즐기는 마음을 낼지라도 그 승에서 곧 해탈을 구하지 않으면, 비록 무거운 업장이 있을 지라도 속히 소멸될 것이요, 비록 나고 죽는 갈래에 있으나, 괴롭고 어려움이 없을 것이다. 또 위없는 깨달음을 얻고 청정한 국토를

얻어 모든 상호를 구족히 할 것이며, 그가
얻는 수명은 항상 끝이 없다."

　그 때 모임 가운데 대승의 마음을 내지 않
은 이들은 모두 의혹스런 생각이 들었다.

　'부처님께서는 과거에 불상을 조성하셨
는가, 조성하지 않으셨는가. 만일 지으셨다
면 어찌하여 수명이 한정이 있으시며, 병환
과 괴로움이 있으시며, 사시는 국토는 더럽
고 혼탁함이 많아서 청정하시지 못한가.'

　그 때에 바사닉왕이 부처님의 위신력을
받자와 곧 자리에서 일어나 예를 갖추고 합
장하여 부처님께 여쭈었다.

　"제가 생각하니 부처님께서는 모든 근(根)
과 상호와 그리고 종족이 모두 제일이시어,
그 마음의 결정도 의심할 바가 없사옵니다.
그러하오나, 부처님께서는 언젠가 한 때에

카타라나무 가시에 발을 다치시었고, 또 한 때에는 제바달다가 산 위에서 돌을 굴리매 발을 다치시어 피가 난 적이 있습니다. 그런가 하면 병환이 났다고 말씀하시어 저에게 기바를 보내라 명령하시어 설사약을 조제하시고, 또 어느 때는 등창이 나시어서 마하가섭으로 하여금 칠보리분(七菩提分)을 외우게 하여 괴로움을 잊은 적이 있습니다. 또 어느 때에는 병환이 나시어서 아난을 시켜 어느 바라문의 집에 가서 우유를 빌어오게 하시고, 지난 날 또 어느 때에는 사라마을에서 석 달을 안거하실 적에 마맥(馬麥)을 잡수시고, 또 어느 때에는 걸식을 하시다가 얻지 못하여 빈 발우로 돌아오신 적이 있습니다. 부처님의 말씀과 같이 만일 어떤 사람이 불상을 지으면 있는 업장이 모두 소멸되고,

여러 가지 괴로움을 떠나며, 모든 질병이 없어진다면, 부처님께서는 지나간 옛날에 일찍이 불상을 지으셨을진대 무슨 까닭으로 이러한 일들이 일어났습니까?"

부처님께서 바사닉왕에게 말씀하시었다.

"자세히 듣고 잘 생각하라. 내가 마땅히 대왕을 위하여 알기 쉽게 말하겠다. 대왕이여, 내가 지나간 옛날에 보리법을 구하기 위하여 여러 가지 보배와 전단과 채색의 그림 따위로 불상을 조성한 일이 이 회중의 사람과 하늘의 수효보다 더 많았다. 이러한 복 때문에 비록 생사에 있어서 모든 혹(惑)을 다하지 못하였더라도 받는 몸은 금강과 같이 굳어서 망가질 수가 없다.

대왕이여, 내가 생각하니 과거 무량한 겁에 나고 죽으면서 부처님의 형상을 조성하였으나, 그 때에도 탐·진 따위의 무량한 번뇌가 있어 상응하였다. 그러나 일찍이 한 생각 동안이라도 죄업 때문에 사대[14]가 고르지 못하거나, 악한 귀신에 끌리거나, 모든 잔병 따위의 고통이 없었고, 구하는 바는 충분치 않음이 없었다. 하물며 나는 지금 아뇩다라삼먁삼보리를 이미 얻었거늘 그러한 불여의(不如意)한 일이 있을 것인가.

대왕이여, 만일 내가 옛날에 이미 불상을 조성하고도 이에 남은 업이 있어서 이러한 보를 받을진대 내가 어떻게 무외설(無畏說)을 지어서 말하되 '불상을 조성하면 결단코 모든 악업을 다한다.'하랴.

대왕이여, 내가 과거에 무량한 음식과 보

---

14) 사대(四大) / 사대종(鍾)의 줄임말. 물질계를 구성하는 4대 원소. 곧 지수화풍(地水火風)을 말함.

배를 보시하고 어찌하여 지금 걸식하여 얻지 못하고 마맥(馬麥)을 먹었으랴. 혹 이제의 이 일이 실다움이 있을진대 어찌하여 내가 무량한 경전에서 가지가지로 단(檀)바라밀을 찬탄하되 '그 복업이 마침내 허망치 않다.' 말하였으랴.

대왕이여, 나는 진실을 말하며 거짓말을 하지 않나니 내가 만일 속인다면 어떻게 될 것인가.

대왕이여, 나는 이미 오랫동안 일체 악을 끊었고 버리기 어려운 것을 버렸으며, 행하기 어려운 것을 행하였으며, 버린 몸과 목숨은 백 천억을 지날 것이요, 이미 무량한 모든 부처님의 형상을 조성하였고, 이미 무량한 모든 죄악의 업을 참회하였거늘, 어찌 이러한 상처를 입고, 병으로 괴로워하고, 마른 보리를 먹어야 하고, 주리고 목마른 일이 있었으랴. 만일 일찍이 수승한 과보를 얻었다가 이제 도리어 잃었을진대 어느 겨를에 이러한 복과 선을 닦으라고 권하랴.

대왕이여, 모든 부처님 · 여래님은 상신(常身) · 법신이시니, 중생을 제도하기 위하여 짐짓 그러한 일을 나타내시었을 뿐 실제가 아니다. 발을 다치고 등창을 앓고 우유를 빌고 약을 마시고 내지 열반에 들고 그 사리를 나누어 탑을 세우나, 모두가 부처님의 방편과 선교로 아직 깨닫지 못한 이들에게 이러한 모습을 보게 하심이다.

대왕이여, 내가 세간에 이러한 여러 가지 근심스러운 일을 나타내는 것은 중생들에게 업보가 없어지지 않음을 보여, 그들로 하여금 두려운 생각을 내어 일체의 죄를 끊고,

모든 선행을 닦게 하고자 함이다. 그런 다음 상신·법신의 수명이 무한하시고, 국토가 청정함을 알게 하고자 함이다.

대왕이여, 모든 부처님은 허망함이 없고 순일한 대자대비와 지혜와 선교이시니, 그러므로 능히 이와 같이 가지가지로 나투시느니라."

바사닉왕이 이 말씀을 듣고 환희하고 어쩔 줄 몰라서 무량한 백 천 중생과 함께 모두 아뇩다라삼먁삼보리를 얻었다.

그 때에 미륵보살이 다시 부처님께 여쭈었다.

"부처님이시여, 모든 여인들은 마음이 약하고 굳지 못해 흔히 질투와 진에와 경박한 생각과 첨곡한 생각을 품습니다. 한이 되는 일이 있으면 풀지 않고 은혜를 알아도 갚지 않으며, 설사 깨달음을 구하여도 능히 굳게 지니지 못하며, 항상 일체 중생을 속이고자 하며, 또한 남에게 속기도 하옵니다.

부처님이시여, 만일 이러한 여인도 불상을 조성하면 이러한 죄업이 소멸되겠나이까? 오는 세상에는 용맹하고 건장한 장부가 되어서 좋은 과보를 구하겠나이까? 은혜를 알고 은혜를 갚는 사람이 되겠나이까? 지혜와 대자비를 구족할 수 있겠나이까? 나고 죽는 법을 능히 멀리 여의겠나이까? 원력에 인한 이를 제외하고, 다시는 여인의 몸을 받지 않되 교담미와 부처님의 어머니이신 마야부인 같이 되겠나이까?"

부처님께서 미륵보살에게 말씀하시었다.

"미륵아, 만일 어떤 여인이 불상을 지으면 영원히 다시는 여인의 몸을 받지 않을 것이다. 설사 그 몸을 받을지라도 여자의 보배가 되어서 높고 수승함이 제일이다. 그러나 모든 여인에게 다섯 가지 덕이 있어서 이 여자가 얻은 것이 모든 여자보다 뛰어나게 된다. 어떤 것이 다섯 가지인가 하면, 첫째는 자식(子息)을 잉태하고 낳는 것이요, 둘째는 종족이 존귀한 것이요, 셋째는 성품이 곧고 어질음이요, 넷째는 몸매가 아름답고 뛰어남이요, 다섯째는 자태와 용모가 아름답고 바름이다.

미륵아, 일체의 여인은 여덟 가지 인연이 있어서 항상 여자의 몸을 받나니 어떤 것이 여덟인가. 첫째는 여자의 몸을 사랑함이요, 둘째는 여자의 욕정을 탐내는 것이요, 셋째는 입으로 항상 여인의 용모와 몸매를 찬미함이요, 넷째는 마음이 정직하지 못하고 지은 일을 숨김이요, 다섯째는 자기의 남편을 싫어하고 괄시함이요, 여섯째는 남을 소중히 생각함이요, 일곱째는 남에게 은혜가 있음을 알고도 자기는 배반하고 거스르는 것이요, 여덟째는 간사하고 거짓되게 꾸미어서 남들이 반하게 하려는 것이다. 만일 이러한 여덟 가지 일을 끊고 불상을 지으면, 성불하기까지 항상 장부가 될 것이요, 다시 여자의 몸을 받지 않는다.

미륵아, 네 가지 인연이 있어서 모든 남자들로 하여금 여자의 몸을 받게 하나니, 어떤 것이 네 가지인가. 첫째는 여인의 소리를 가벼이 여기고 비웃으면서 부처님과 모든 보살과 일체의 성인을 부르는 것이요, 둘째는 청정히 계를 지니는 사람에게 비방하려는 마음으로 계를 범하였다고 말함이요, 셋째는 사람에게 아첨하고 아양을 떨고 속이기를 좋아함이요, 넷째는 남이 나보다 뛰어난 것을 보면 마음에 질투를 내는 것이니, 만일 어떤 장부가 이러한 네 가지 일을 행하면 목숨이 마친 후에 반드시 여인의 몸을 받을 것이다. 다시 무량한 모든 악도의 괴로움을 겪게 된다. 만일 깊이 신심을 내어 먼저 지은 것을 뉘우치고 부처님의 형상을 조성하면 그 죄가 모두 소멸하고, 반드시 다시는 여인의 보를 받지 않게 된다.

미륵아, 네 가지 인연이 있어서 모든 남자들이 내시(內侍)의 몸이 되나니, 어떤 것이 네 가지인가. 첫째는 다른 사람의 몸을 잔인하게 해치거나 축생까지 해치는 것이요, 둘째는 계율을 지키는 사문에게 성내고 비웃고 나무라고 비방함이요, 셋째는 생각에 탐

욕이 많아서 고의로 계를 범하는 것이요, 넷
째는 계를 범한 이에게 가까이 하고 다시 그
에게 범하도록 권함이니, 어떤 선남자가 먼
저 이러한 일을 행하였더라도 후에 신심을
내어 부처님의 형상을 조성하면, 성불할 때
까지 이러한 보를 받지 않고 항상 장부가 되
어서 모든 근이 구족하게 된다.

　미륵아, 네 가지 업이 있어서 능히 장부로
하여금 두 개의 모습을 지닌 몸을 받게 하나
니 일체의 인간 가운데 가장 하천한 것이다.
어떤 것이 네 가지인가. 첫째는 존경해야 할
곳을 더럽게 한 것이요, 둘째는 남자 몸의
비처(非處)에다 음행을 하는 것이요, 셋째는
자기에게 음욕을 행하는 것이요, 넷째는 여
색을 몰래 팔아 다른 사람에게 주는 것이니,
만일 어떤 중생이 일찍이 이러한 일을 행하

였을지라도, 깊이 스스로를 꾸짖고, 이미 지은 바를 뉘우쳐서 청정한 신심을 일으키고, 부처님의 형상을 조성하면 성불할 때까지 이러한 몸을 받지 않게 된다.

미륵아, 다시 네 가지 인연으로 모든 남자가 그 마음에 여인의 애욕을 내어 다른 이가 자기에게 장부의 음행을 하여 주기를 즐겨하나니, 어떤 것이 네 가지인가. 첫째는 남을 나쁘게 하고자 하는 뜻에서 사람을 헐뜯고 비방함이요, 둘째는 여인의 의복으로 장식하기를 즐겨함이요, 셋째는 친척 되는 여자에게 음란하고 더러운 짓을 함이요, 넷째는 실제는 수승한 덕이 없으면서 허망하게 그 예를 받음이다. 이러한 인연으로써 모든 장부들이 이러한 별다른 번뇌를 일으키게 된다. 만일 먼저 범한 것을 뉘우치고 다시 새로이 짓지 아니하며, 마음으로 믿음과 즐거움을 내어 부처님의 형상을 지으면, 그 죄도 없어지고 그 마음도 쉬게 된다.

미륵아, 다섯 가지가 있어 중생을 망가지게 하나니 어떤 것이 다섯 가지인가. 첫째는 살고 있는 이웃과 고을을 아끼는 것이니, 이 까닭에 장차 넓은 들 가운데 태어나게 된다. 둘째는 살고 있는 집을 아끼는 것이니, 마땅히 벌레가 되어서 항상 똥 속에 살게 된다. 셋째는 단정하고 좋은 색을 아끼는 것이니, 마땅히 추악하고 여의치 못한 형을 받는다. 넷째는 갖고 있는 재물과 보배를 아끼는 것이니, 마땅히 빈궁하고 의식이 부족함을 느낀다. 다섯째는 아는 법을 아끼는 것이니, 마땅히 완악하고 둔한 축생의 보가 있다. 만일 먼저 지은 업을 뉘우치고, 부처님의 거룩하신 위의를 조성하고 영원히 아끼는 마음을 떠나면 앞에 받을 것이 없어지게 된다.

미륵아, 다시 다섯 가지 인연이 있어 모든 중생들로 하여금 변두리의 지방에나 부처님이 안 계시는 곳에 태어나게 된다. 어떤 것이 다섯 가지인가. 첫째는 삼보의 복전에 청정한 신심을 내지 않는 것이요, 둘째는 실제를 등지고 이치를 이지러지면서 망령되이 가르침과 경계(誡)를 실행함이요, 셋째는 실제의 이치대로 가르치지 않는 것이요, 넷째는 화합승을 깨뜨려 두 조각이 나게 함이요, 다섯째는 극히 적은 승가 내지 단 두 사람의 비구라도 이간하여 화합치 못하게 함이다. 영원히 이러한 업을 끊고 부처님의 형상을 조성하면 항상 부처님을 만나고 언제나 가르침을 듣게 된다.

미륵아, 중생들이 또 다섯 가지 인연이 있으므로 항상 남에게 미워함과 축출함을 당한다. 또 지극히 친한 이에게도 기쁘게 보이지 못하나니, 무엇이 다섯인가.

첫째는 두 말을 함이요,

둘째는 욕설함이요,

셋째는 많이 다툼이요,

넷째는 많이 성냄이요,

다섯째는 공교롭게 비슷한 말을 하여 비방을 일삼는 것이니, 후에 만일 발심하여 부처님의 형상을 조성하고 앞의 악업을 뉘우쳐 다시 범하지 않기로 맹세하면, 그가 지은 죄가 모두 없어지고 일체의 사람에게 사랑과 공경을 받게 된다. 무슨 까닭인가. 모든 부처님께는 무량무변한 수승한 복덕이 있기 때문이다. 무량무변한 큰 지혜가 있기 때문이요, 무량무변한 삼매와 해탈 따위의 가지가지 희유한 공덕법이 있기 때문이다.

선남자야, 가령 어떤 사람이 삼천대천세계의 국토로써 작은 티끌을 만들고, 다시 그들을 쪼개되 낱낱 티끌을 저 삼천대천세계 국토의 미진수와 같이 하여, 이렇듯 미진을 쪼갠 수효의 삼천대천세계의 국토가 있다 하자. 다시 어떤 사람이 하나의 미진을 취하고, 신통력으로써 동방으로 가되 한 찰나 동안에 그러한 미진을 쪼갠 수효의 삼천대천 국토를 지나가며 제2, 3의 뒤에 찰나들도 모두 그러하고, 또 미진을 쪼갠 수효의 겁이 다하도록 그렇게 한다고 하자. 저 모든 겁 가운데 있는 찰나들도 낱낱 찰나를 한 겁으로 하고, 그러한 겁을 경과함에도 찰나찰나에 모두 앞의 미진을 쪼갠 수효의 삼천대천 국토를 지나나니, 이렇게 하여 마치고는 이내 이 티끌로 내려온다. 이 사람이 돌아와서는 다시 하나의 티끌을 취하여 다시 동방으로 가되, 앞의 것보다 한 곱을 지나고 이 티끌로 내려오며, 제3의 티끌은 제2의 곱이 되게 하여 동방·남방·서방·북방을 두루 이렇게 한다. 이 사람이 사방으로 지낸 곳인 일체의 국토를 모두 쪼개서 미진을 만들어 이 미진들을 일체중생이 함께 낱낱이 살피면, 혹시 수효를 알 수가 있을지 모르나, 부처님의 형상을 지어 그 한 부분이라도 지니는 공덕은 알지 못한다.

무슨 까닭인가. 모든 부처님·여래님이 가지신 공덕은 한량이 없으며 불가사의한 때문이다.

선남자야, 가령 앞의 미진과 같은 수효를

사리불이 가진 지혜일지라도 부처님의 한 생각이 지혜에 미치지 못하나니, 무슨 까닭인가. 부처님은 생각 생각에 항상 앞의 미진 수를 지나는 삼매와 해탈과 다라니를 가지고 무량하고 수승한 공덕을 나타내기 때문이다. 모든 부처님의 공덕을 일체성문과 벽지불은 그 이름조차 다 알지 못한다. 그러므로 만일 어떤 이가 청정한 신심으로 부처님의 형상을 조성하면 일체업장이 소멸되지 않음이 없고, 얻는 공덕이 무량무변하여 반드시 아뇩다라삼먁삼보리를 성취하여 영원히 일체중생의 온갖 괴로움과 번뇌를 뽑아 준다."

부처님께서 이 경을 말씀하시니, 미륵보살과 삼십삼천과 우타연왕과 일체세간과 천인과 아수라와 건달바들이 부처님의 말

씀하신 바를 듣고, 모두 환희하여 믿고 받들
어 행하였다.

조탑공덕경

이와 같이 나는 들었다.

부처님께서 도리천 백옥좌(白玉座) 위에 계실 때였다. 큰 비구와 큰 보살들과 천왕의 한량없는 무리들이 함께 모시고 있었다. 그 때에 대범천왕·나라연천(那羅延天)·대자재천(大自在天) 그리고 다섯 건달바왕이 각기 권속들과 함께 부처님께 와서 부처님에게 탑을 조성하는 법과 탑에서 생기는 공덕이 얼마나 큰가 물으려 하였다. 모인 보살 가운데 관세음보살이 그들의 뜻을 알고 곧 자리에서 일어나 오른 어깨를 벗고, 오른 무릎을 땅에 대어 합장하고 부처님을 향하여 이렇게 여쭈었다.

"부처님, 지금 이 하늘무리와 건달바들이 일부러 여기에 와서 부처님께 탑을 조성하는 법과 탑을 조성함으로써 생기는 공덕의 크기를 묻고자 하나이다. 바라옵건대 부처님이시여, 그들을 위하여 말씀하시어 모든 중생들을 이익되게 하시옵소서."

그 때에 부처님께서 관세음보살에게 말씀하시었다.

"선남자여, 만일 현재의 이 하늘무리들이나 다가오는 세상의 일체중생들이 자기가 있는 곳에 탑이 없어서 탑을 세우려는 이는 그 형상이 높고 묘하여 삼계를 지나게 하거나 또는 지극히 적어서 암라과(菴羅果)와 같게 할 것이다. 이른 바 표찰[15](標札)은 위로

---

15) 표찰(表刹) / 탑 위에 솟아 세운 당간. 찰(刹)은 찰다라(刹多羅)의 준말.

범천에 이르게 하거나, 또는 작아서 바늘 따위와 같게 할 것이며, 이른바 윤개(輪盖)는 대천세계를 덮게 하거나 또는 지극히 작아서 대추나뭇잎과 같게 할 것이다. 그 탑 안에는 부처님의 사리나 머리털이나 치아나 수염이나 손톱이나 발톱을 간직할 것이며, 최하로는 한 부분이라도 간직할 것이다. 또 부처님의 법장(法藏)인 십이부경[16]을 두되 가장 적게는 하나의 사구게(四句偈)만을 두더라도 그 사람의 공덕은 범천과 같아서, 목숨이 마친 후에 범세[17](梵世)에 태어나고,

---

16) 십이부경(十二部經) / 부처님의 일대교설을 그 경문의 성질과 형식으로 구분하여 12가지로 나눈 것.

17) 범세(梵世) / 청정한 세계란 뜻. 색계의 모든 하늘을 말함.

거기에서 수명이 다하면 5정거천[18] (淨居天)
에 태어나서 저 모든 하늘과 더불어 평등하
기가 다름이 없다. 선남자여, 내가 말한 이
러한 일은 탑의 분량과 공덕되는 인연이니,
너희들 모든 하늘무리들은 마땅히 배워야
한다."

그 때에 관세음보살이 다시 부처님께 여
쭈었다.

"부처님이시여, 앞에 말씀하신 바와 같이
사리와 법장을 안치하는 것은 제가 이미 받
들어 지녔지만 사구게란 뜻을 알지 못하겠
사오니, 바라옵건대 저를 위하여 분별하고
말씀해 주십시오."

---

18) 정거천(淨居天) / 색계의 제4 선천. 불환과를 증득한
　　 성인이 나는 하늘. 무번천. 무열천. 선현천. 선견천. 색
　　 구경천의 다섯 하늘.

그 때에 부처님이 게송으로 말씀하시었
다.

모든 법은 인연에서 일어나니
내가 이를 말하여 인연이라 한다.
인연이 다한 고로 없어지나니
부처님은 이것을 말하노라.

"선남자야, 이 게송의 뜻은 부처님의 법
신이라 하나니, 너는 반드시 그 탑 안에 두
어라. 무슨 까닭인가. 일체의 인연과 생기는
법의 성품이 원래 비어 있기 때문이다. 그러
므로, 내가 법신이라 한다. 만일 어떤 중생
이 이러한 인연의 뜻을 깨달으면 곧 부처를
보는 것이다."
그 때에 관세음보살과 저 모든 하늘의 일

체대중과 건달바들이 부처님의 말씀을 듣
고 모두 크게 환희하여 믿고 받들어 행하였
다.

시등공덕경

이와 같이 나는 들었다.

부처님께서 사위성 기수급고독원에 계실 때였다.

그 때에 부처님께서 사리불에게 말씀하시었다.

"사리불아, 부처님은 네 가지 수승하고 묘하고 착한 법으로 능히 중생들로 하여금 무량한 과보와 무량한 광명과 무량한 모습과 무량한 복장(福藏)과 무량한 낙장(落藏)과 무량한 계·정·혜·해탈·해탈지견과 변재[19](辯才)의 장(藏)과 일체의 무착·무루의

---

19) 변재(辯才) / 교묘하게 뜻과 재능을 말함. 변설(辨說)의 재능.

법을 얻게 하신다.

사리불아, 어떤 것이 네 가지인가. 첫째는 여래·응공·정변지께서 시라(尸羅)바라밀을 얻어 무량한 계를 갖추며, 둘째는 선나바라밀을 얻어서 무량한 선정을 갖추며, 셋째는 반야바라밀을 얻어 무량한 지혜와 넓은 지혜와 관달(觀達)의 지혜와 여성(如性)의 지혜와 무수한 지혜와 결정된 지혜와 필경에 결정된 지견을 갖추며 넷째는 한 해탈과 제일의 해탈을 갖추는 것이다. 이것이 네 가지 수승하고 묘하고 착한 법이다.

사리불아, 이러한 불(佛)·여래·응공·정변지는 일체의 악을 모두 멀리 떠났으며, 일체의 선한 법을 모두 이루었다. 여러 행이 갖추어졌고 원만하여 모두 여실히 보며, 어두움을 멀리하고, 광명이 되어서 빛나되 무

량한 복과 지혜와 자량[20](資糧)을 두루 갖추
어 세간이 뒤집혀져도 세간에서 그 빛을 잃
지 않는다. 계·정·혜·해탈·해탈지견을
모두 얻었으며, 십력과 사무소외(四無所畏)
를 두루 갖추었으며 모든 부처님의 법력을
얻었다. 능히 모든 부처님의 법력을 갖추었
으며, 모든 부처님의 큰 자비의 힘과 변재의
힘을 얻었다. 본원과 방편이 모두 만족하였
으며, 본업을 잘 닦아서 지혜의 보배를 갖추
었으며, 정진을 무량히 하여 마침내 방일하
지 않았다. 모든 근심과 슬픔을 떠나서 핍박
과 번뇌가 없어졌으며, 취착(取着)하는 일이
없이 잘 조복하였으며, 큰 용왕이 되어 나쁜
습이 남아있지 않다. 그리하여 모든 중생이
위없는 복전(福田)이 되었다.

---

20) 자량(資糧) / 자재(資財)와 식량.

사리불아, 만일 비구·비구니·사미·
사미니·우바새·우바이들이 청정한 마음
을 내어 복을 구하는 까닭에, 복을 사랑하고
즐기는 까닭에, 여래의 위없는 방편과 본행
(本行)의 만족함과 미래세의 모든 생사를 달
관하고 현재에 성취하신 무량무착한 계·
정·혜·해탈·해탈지견을 생각한다. 또
부처님의 한 가지 공덕이라도 생각하여라.
공덕을 생각하고는 무량 억 나유타(那由陀)
백 천 겁 동안에 익힌 선근인 세 가지 밝은
복전의 처소와 청정한 계의 처소와 비할 이
가 없는 계의 처소와 무량하고 진실한 공덕
의 처소, 혹은 탑묘(塔廟)의 모든 형상의 앞
에 공양을 베풀어라. 밝은 등불이나 작은 등
잔심지를 받들어 올릴 것이요, 혹은 소유(蘇
油)를 바르거나 태워서 받들어 올리되 그 밝

기가 오직 길의 한 층계만을 비출지라도, 사리불아, 이러한 복덕은 일체 성문 · 연각은 몰라도 오직 부처님만이 능히 살펴 알고 있다.

사리불아, 세간에서 과보를 바라고 선업을 쌓는 사람의 복덕도 그러하거늘 하물며 청정하고 깊이 즐기는 마음으로써 하고 과보를 구하지 않으며, 공경하는 마음에 안주하여 상속하고 끊임없이 부처님의 공덕을 생각하는 선남자, 선여인에게 생기는 복덕이야 일러 다시 말할 것이 있으랴.

사리불아, 길의 한 층계를 비추는 복덕도 그러하거늘 하물며 온전히 하나의 계단(階道)을 비추거나 혹 두 개의 계단, 세 개의 계단, 네 개의 계단과 탑의 한 층, 두 층 내지 여러 층과 한 쪽과 두 쪽과 내지 네 쪽과 그

리고 부처님의 형상을 비추는 공덕에 있어
서이랴.

사리불아, 그가 밝힌 등불이 어떤 때에는
속히 꺼지나니, 혹은 바람이 불어서 꺼지고,
기름이 다하여 꺼지고, 심지가 다하여 꺼지
고, 모두가 다하여 꺼지되, 마치 모든 용이
성을 내는 까닭에 구름을 일으켜 허공에 드
리우고, 그 속에서 번개를 일으키되 일어나
면 이내 꺼지는 것과 같다.

사리불아, 이와 같이 적은 시간을 부처님
의 탑묘에 등명(燈明)을 받들어 올릴지라도,
만일 그 비구·비구니·사미·사미니·우
바새·우바이와 또 계를 받지 아니한 다른
사람이 착한 일을 즐기는 까닭에, 자기를 보
호하려는 까닭에, 불·법·승을 믿고 이러
한 적은 등명을 복전에 받들어 올리어 얻는

과보와 복덕의 무더기는 부처님만이 살펴 아실뿐, 일체의 세간인 하늘 · 사람 · 마범 (魔梵) · 사문바라문과 내지 성문 · 벽지불들 은 알지 못한다. 이렇듯 작은 등불이라도 밝 히면 받는 복의 과보는 가히 말할 수 없다.

사리불아, 모든 부처님의 경계는 불가사 의하시니, 오직 부처님만이 이 뜻을 알고 있 다.

사리불아, 저 등명을 보시한 이가 얻는 복 취도 무량무변하여 헤아릴 수 없다. 오직 부 처님만이 능히 알고 있다.

사리불아, 작은 등명을 밝힌 복덕도 그렇 게 헤아릴 수 없거늘 하물며 내가 멸도한 후 에 부처님의 탑과 절에서 만일 자기 스스로 하거나 남을 시켜서 하되 혹 한 등, 두 등 내 지 많은 등을 밝히거나 향화와 영락과 화환과 보배의 짐대와 번과 일산과 그리고 가지 가지 수승하고 미묘한 것을 공양함에 있어 서이라.

사리불아, 네 가지 법이 있으니 응당히 믿어라. 무엇이 네 가지인가. 첫째는 불법이 무량하니 응당히 믿을 것이요, 둘째는 적은 선근을 닦아도 무량한 복을 받을지니 응당히 믿을 것이요, 셋째는 삼보에 깊은 공경과 신심을 내거나 업행을 잘 닦아서 얻어지는 과보는 너희들 성문이 현전에 나를 보면서도 오히려 제대로 알지 못한다. 또한 능히 생각하거나 헤아리지 못하거늘 하물며 내가 멸도한 후에 성문제자들이 나를 멀리 떠났건만 능히 드러나게 알며 측량할 수 있겠느냐. 만일 알거나 헤아리는 이가 있다면 옳지 못하리니, 응당히 믿어라. 넷째는 이 모든 성문이 일체중생들의 짓는 업과 업의 과보를 알거나 헤아리지 못하나니, 사리불아, 너희들 성문은 이 일에 대하여 따져 생각하지 말라. 무슨 까닭인가. 부처님은 항상 말하되 '일체중생의 업행과 과보는 생각하거나 헤아리지 못한다.' 하였다. 과거의 모든 불·응공·정변지께서도 이미 이렇게 말씀하셨으니, '중생의 업보는 생각으로 헤아릴 수 없다.' 미래의 모든 불·응공·정변지께서 응당히 말씀하시되, '중생의 업보는 가히 생각으로 헤아리지 못하며, 중생은 마음의 믿음과 중생의 마음의 자성을 또한 생각으로 헤아릴 수 없다.'하시니, 이러한 뜻을 응당히 믿어라.

　사리불아, 너희들 성문이 성종(聖種)에 머물러 있되 일체중생의 업보에 대하여는 진실한 안목과 공교한 방편이 없다. 하물며 다른 가볍고 미미하고 박열(薄劣)한 마음을 지닌 이와 계·정·혜·해탈·해탈지견을 떠난 이와 바른 생각을 잃은 이와 무명이 어둡고 두터워서 눈을 가린 이가 자기의 몸 안팎에 대해 어찌 알 수 있으랴. '나는 누구이며, 나는 누구의 것이며, 나는 어느 곳에 있으며, 나의 공덕은 큰가 작은가. 나는 장차 어떻게 하여야 계율을 지키는 것인가. 어떻게 하면 계율에 어긋나는가. 나는 바르게 계율을 생각하는가, 바르지 못하게 계율을 생각하는가, 내가 짓는 업은 지혜로운 이의 업인가, 어리석은 사람의 업인가, 어디서 왔으며 어디로 갈 것인가'이 모든 생각을 알지 못한다.

사리불아, 모든 범부들의 소견은 그릇된

것이므로 이들은 자기의 몸에 대한 이러한 일도 오히려 알지 못하거늘, 하물며 일체 중생의 가지가지 업보를 알겠느냐. 만일 안다면 잘못된 것이다.

사리불아, 여래·응공·정변지는 계가 줄지 않고, 정이 줄지 않고, 혜가 줄지 않고, 해탈이 줄지 않고, 해탈지견이 줄지 않는다.

사리불아, 여래·응공·정변지는 무량한 계율이며, 무애의 계이며, 부사의한 계이며, 같은 이 없는 계이며, 구경된 계이며, 청정한 계를 지닌다. 그 여래는 일체중생의 업이나 과보를 모두 여실히 알고 있다.

사리불아, 어찌하여 부처님은 일체중생의 업보를 여실히 알 수 있는가.

사리불아, 부처님은 이렇게 아시나니, 혹 어떤 중생의 선한 업이 다하면 불선한 업이 더한다. 불선한 업이 다하면 선한 업이 더하고, 혹 어떤 중생의 선한 업이 생기려 하면 불순한 업이 없어지려 한다. 어떤 중생의 불선한 업이 생기려 하면 선한 업이 없어지려 한다.

사리불아, 부처님은 이와 같이 일체중생의 업과 업보의 가지가지 차별 속에 들어가서 모두 여실히 아시되 저들 모든 중생이 혹은 무지하고 어리석고 어두우며, 혹 어떤 이는 착하고 어떤 이는 착하지 못하다 한다.

사리불아, 나는 이러한 지혜가 있으며 이러한 방편이 있어서 모든 중생의 불가사의한 가지가지 업보를 모두 기억하고 설명할 수 있다.

사리불아, 만일 어떤 중생은 신심을 가지고 나를 믿거니와, 만일 어떤 중생은 신심이 없어서 나의 법을 멀리 떠나고, 나의 말을 믿지 아니하며, 나를 비방하면 그는 영원토록 뜻이 없고 이익이 없어 고뇌에 떨어지게 된다.

사리불아, 만일 그러한 중생이 불탑과 불묘에 밝은 등불을 받들어 올리면 이렇게 시주하여 지은 선한 업으로써 능히 안락할 만한 과보를 받는다. 그가 밝은 등불을 받들어 올리고 선한 업을 지을 때에 기쁨이 따르고, 따라서 신심이 일어나 현재의 이 세상에 세 가지 청정한 마음을 얻게 된다.

어떤 것이 세 가지 마음인가. 저 모든 선남자, 선여인이 이러한 생각을 하되, 내가 이미 부처님에게 공양을 베풀었나니, 몸의 견고치 못함을 알아서 견고한 몸이란 생각을 가지고, 재물의 허물됨을 알아서 견고한 재물이란 생각을 하는데, 이것이 불탑에 공양하는 제일의 청정한 마음이다.

또 사리불아, 저 모든 선남자, 선여인이 생각을 일으키되, 내가 부처님의 무상한 복전, 최승한 복전 곧 능히 수승한 공양을 받을 만한 이에게 이미 공양하였다. 나는 이제 지옥·아귀·축생에 떨어질 것을 두려워하지 않으며, 나의 이 선근은 이미 인간과 천상의 선한 갈래의 종자를 이루었으며, 묘한 빛깔의 살림살이와 여러 가지 기구를 얻었으며, 또 지혜를 얻어 편안하고 쾌락하며, 내지 능히 보리의 과보를 얻으리니, 사리불아, 이것이 불탑에 공양한 제2의 청정한 마음이다.

또 사리불아, 저 선남자, 선여인이 이러한 생각을 할 것이다. '내가 모든 부처님께 이미 보시를 하였으며, 이미 복덕을 지었으며, 이미 간탐(慳貪)을 버렸으며, 이미 간탐의 허물을 버렸도다.' 이렇게 생각하고는 보시할 마음에 간탐이 없어지며, 보시한 마음이 늘어나나니, 이것이 불탑에 공양한 제3의 청정한 마음이다.

또 사리불아, 선남자, 선여인이 부처님의 탑묘에 등명을 보시하면 임종할 때에 세 가지의 밝음을 얻을 것이다. 어떤 것이 세 가지인가. 첫째는 그들 선남자, 선여인이 임종할 때에 먼저 지은 복이 모두 앞에 나타나며, 선한 법을 생각하되 잊어짐이 없으리니, 이것이 첫째의 밝음이다. 이것으로 인하여 능히 자기가 먼저 부처님의 처소에서 모든 선한 업을 심은 것을 알게 된다.

또 사리불아, 저 선남자, 선여인이 목숨이

다하려 할 때에 이렇게 생각하게 된다. '내가 부처님의 형상과 탑 앞에서 이미 공양을 하였다.' 그리고는 마음에 기쁜 생각을 내나니, 이것이 둘째의 밝음이며, 이것으로 인하여 염불하는 깨달음을 일으키게 된다.

또 사리불아, 저 선남자, 선여인이 목숨이 다하려 할 때에 다른 중생이 보시를 봉행하는 것이 보이리니, 그들이 하는 것을 보고는 이런 생각을 할 것이다. '나도 일찍이 부처님의 탑(支提) 앞에 등명을 받들어 올렸거니와 지금 또 보시를 행한다.' 보시하기를 생각하고는 기쁜 마음을 얻으며, 기쁜 마음을 얻고는 죽는 괴로움이 없게 된다.

사리불아, 이것이 셋째의 밝음이니 이것으로 인하여 문득 법을 생각하는 마음을 얻게 된다.

또 사리불아, 부처님의 탑묘에 등명을 보시하면 그 선남자, 선여인이 목숨이 다할 때에 다시 네 가지 광명을 볼 수 있으리니, 어떤 것이 네 가지인가. 첫째는 임종할 때에 해가 환하게 솟아오름이요, 둘째는 맑은 달이 원만하게 솟아오름을 보고, 셋째는 여래 · 응공 · 정변지께서 보리수 밑에 앉아 보리를 얻으려 하실 무렵에 자기 몸이 부처님을 존중 하노라. 열 손가락을 합하고 공경히 섰음을 보리라.

　사리불아, 이것이 부처님의 탑묘에 등명을 보시하고 목숨이 마칠 때에 이러한 네 가지 광명을 보는 것이라 한다."

　그 때에 부처님께서 이러한 뜻을 말씀하시고 다시 게송으로 말씀하시었다.

위없는 법의 왕은 크나큰 성인
그의 탑에 누구나 받들어 모시리.
슬기로운 그들이 업을 지으면
끝없고 가장 뛰어난 즐거움 얻네.

임종할 때 바른 생각 놓치지 않고
자신의 등불을 밝힐 일 볼 수 있으며
네 가지 기쁨 얻고 죄를 여의어
그들이 죽을 때는 마음이 흔들이지 않는다.

죽을 때를 임하여 시방이 밝아지고
버젓이 해와 달이 땅에서 솟으며
하늘무리 천만 억 나유타 있어
그를 위해 하늘무리 불법 말하네.

부모와 처자와 친한 권속이

모두모두 둘러싸고 슬피 울건만
죽은 이는 생각지도 보지도 않고
바른 생각 언제나 어지럽지 않으리.

현전에 하늘궁전 볼 수 있으며
모든 천녀 대하여 마음 편안해
다시 보니 장엄한 모든 동산에
온갖 즐거움 두루 갖추었네.

부처님 앉으신 보리수 앞에
천인과 아수라들 모두 모였고
자신도 합장하고 불전에 서서
거룩한 스승께 공양하는 것 보리라.

도사(導師)를 뵈옵고 깊이 존경해
그 마음 기꺼워 부처님께 청하니

부처님 그 마음 기뻐함을 보시고
그 사람의 청함을 물리치지 않으리.

이 사람이 간절히 바라되, 기꺼움 가득하고
목숨을 버릴 때에 고뇌가 없나이다.
그 사람이 부처님께 한 마음 기꺼우면
임종할 때 크나큰 두려움 없으리.

임종할 때 바른 생각 놓치지 않고
시방이 모두가 밝아짐을 보거니
미증유의 찬란한 빛을 보는 것
이것은 등명을 보시한 과보.

죽은 뒤에 천상에 태어나서는
자신이 하늘평상 올라앉아
수많은 천녀에게 둘러싸이니

부처님께 공양하고 얻은 과보라네.

"사리불아, 부처님의 탑묘에 등명을 보시
하면 죽은 후 삼십삼천에 태어날 것이요, 그
하늘에 태어나면 다섯 가지 청정함을 얻게
된다. 어떤 것이 그 하늘에서 다섯 가지 청
정을 얻는 것인가. 첫째는 청정한 몸을 얻
고, 둘째는 모든 하늘 가운데서 뛰어난 위덕
을 얻고, 셋째는 항상 청정한 생각과 지혜를
얻고, 넷째는 항상 뜻에 맞는 소리를 듣고,
다섯째는 식어지는 권속이 항상 그의 뜻에
맞아 마음이 기쁠 것이다.

사리불아, 이것이 그 하늘에서 다섯 가지
청정을 얻는 것이다."

그 때 부처님께서 뜻을 거듭 펴시고자 게
송으로 말씀하시었다.

그 하늘은 광명아 나는 몸을 얻으려
공덕이 구족하여 남들이 존중하고
1천 명의 천자에서 으뜸이 되는 것은
등명을 불탑 앞에 보시한 까닭이니라.

들리는 하늘소리 언제나 뜻에 맞아
애미(哀美)하고 수묘(殊妙)함이
딴 곳보다 뛰어나니
제일로 훌륭한 염(念)과 혜(慧)를 갖추고
또다시 최상되는 권속을 얻었네.

그러한 천자께서 가는 곳마다
모든 하늘 모두가 우러러보니
본래부터 어떠한 업을 닦았기에
지금의 이러한 몸을 얻었다.

나무마다 모두가 상환희(上歡喜)라 부르니
둘러싸여 빛나기 달빛과 같네.
그 하늘이 이렇게 묘한 나무 느껴 얻으매.
이를 가져 천궁과 공원을 장식했네.

무량한 하늘들은 모두 놀라서
이 나무는 무어라 이름하는고.
비유컨대 등명의 빛이 비추듯
뜻과 같은 묘한 훈향(熏香) 널리 퍼지네.

그 하늘에 있는 바 모든 권속이
저 나무의 꽃으로 몸을 장엄해
그들은 무량 백억 하늘에
광명을 비추기 해와 같았네.

"사리불아, 부처님의 탑묘에 등명을 보시

하고 삼십삼천에 태어난 이는 그 하늘에서
는 스스로가 알 것이다. 곧 '이러한 때에는
내가 여기에 머물고, 이러한 때에는 나의 목
숨이 마치리라.'하며, 그 수승한 천자가 임
종할 때에는 그의 권속들과 모든 하늘에게
설법하고 이끌어 그들로 하여금 즐겁게 하
고, 그 천궁에서 수명이 다하면 악한 갈래에
떨어지지 않는다. 또 인간 가운데 가장 높은
종속으로서 불법을 믿는 집에 태어난다. 이
때에 만일 세간에 부처님이 안 계실지라도
또한 가벼이 길흉을 취하거나 사견을 가진
집에는 태어나지 않는다.”

　그 때에 부처님께서 거듭 이 뜻을 베푸시
고자 게송으로 말씀하시었다.

그 하늘은 이러한 지혜 얻나니
천상에 머물렀을 시간을 알고
그 하늘은 또다시 능히 아나니
내가 이제 머지않아 죽으리라고.

다섯 가지 죽는 모습 나타날 때에
그 하늘의 수명은 끊이려는 것
백 천억 하늘에게 설법하여서
어리석음 멀리하고 근심 말라네.

모든 하늘 무리에게 이르는 말이
모든 유(有)는 무상하고 즐겁지도 않나니
어떤 이는 태어나고 어떤 이는 죽는다.
죽어 감을 생각지 않고 이런 법을 말하노라.

저들 권속 모두가 슬퍼하였고

무량한 하늘도 그러하였네.

자기 몸의 다섯 모양 보는 터이나
공덕됨을 생각하여 근심 않았고
그 천궁에 목숨이 끊어진 뒤에
곧 이어 내려가서 인간에 태어나.

태에 들고 태에서 날 제 생각이 산란하지 않고
언제나 즐거우니 괴로움 없네
태어나자 즉시에 숙명통을 얻어서
본래 곳의 일들을 모두 기억해.

인간 고통 생각고 탐내지 않으며
잠깐 동안 죽음와서 급한 꼴을 보리라고
그는 다시 하늘 과보 생각해 보고
인간의 이 세상을 즐기지 않네.

하늘도 괴롭거늘 인간을 말하랴.
모든 유는 굳지 못해 항상 흔들린다네.
그 사람이 성립(成立)함에 이르러서는
반드시 집을 버려 출가하리라.

마음에 언제나 악한 마음먹지 않으니
그 사람은 반드시 이러한 과(果) 얻으리.
세세에 언제나 숙명통을 얻고
모든 악업 언제나 짓지 않으며
반드시 출가하여 맑은 계를 지니리니
이것이 등명을 보시한 과보라오.

언제나 눈멀고 절름발이 안 되며
어느 때나 안정(眼精)은 어둡지 않고
몸에도 병이 없고 나쁜 음성 없으며
마음은 항상 밝아 어리석지 않으리.

또다시 언제나 눈병 없으며
태어나는 곳마다 애꾸 안 되고
외눈박이나 장님 되는 일 없어
그의 눈 언제나 깨달음의 길 밝혀 보네.

안목은 기다랗고 흑백이 분명하니
비유컨대 맑고 묘한 청련잎 같고
눈이 맑아 미세한 것 능히 보나니
명철한 마니주의 맑음 같다네.

무량한 아승지겁 그 가운데서
청정한 육안 얻어 안 잃었고
그도 또한 모든 눈병 항상 없나니
이것은 등명을 보시한 결과라오.

선한 인(印)과 선한 근(根)과 선한 이론의

모든 가르침 다 헤아려
지혜 있는 그 사람도 잘도 살피나
묘한 지혜 보는 것이 제일의라네.

모든 유의 부자유를 잘 살피고
부처님 법에서 조명(照明) 얻었네.
일체의 부처님 널리 뵈옵고
뵈옵고는 공경껏 공양을 닦네.

날 때마다 훌륭하고 단정한 모습 얻으며
친척과 권속이 모두 공경해
큰 재보와 자재한 힘을 얻었고
망가지지 아니하는 권속 얻었네.

등명이 어두움을 물리칠 때에
밝아서 모든 방소 두루 비추듯

그 사람의 광명도 그러하여서
어두움에 숨기거나 가리지 않나니.

누구나 불탑 앞에 신심을 내어
등만과 영락을 바치니,
등명을 보시할 때 마음이 청정하여
사람 중에 최상의 존귀 얻으리.

단정하고 아름답고 사랑스러워
일체의 세간들이 기뻐하는 바라오.
마음은 어떤 일에도 경솔치 아니하고
세간의 잘못된 길 즐기지도 않으며
세간에 있는 바 모든 악견과
그리고 사도들을 믿지 않나니.

만일에 국왕 되면 족함을 알아

향토를 탐내어 전쟁을 안 일으켜
언제나 고뇌 없고 근심 없으며
또다시 여러 가지 바라는 바 없네.

그에게는 일체의 퇴실(退失)이 없고
악한 이름 없으며 쇠뇌(衰惱)도 없네.
만일에 왕신(王臣) 되어 말을 꺼내면
국왕이나 국민이 모두 믿으리.

몸에는 언제나 허약과 병 없고
내시(黃門)나 비도(非道)가 아니 되어서
몸매가 구족하여 편안히 머무르며
괴로움과 근심은 그 몸에 머무르지 못하네.

또다시 여러 가지 악몽 못보고
누우면 일체가 편안함을 깨달아

날 때마다 여러 가지 필요한 것 절로 얻어서
일체의 불탑에 공양하리라.
제불의 공덕은 가이없으니
그 사람이 얻는 것 그러하리라.

"사리불아, 만일 어떤 중생이 부처님의
탑묘에 등명을 보시하는 이는 네 가지 즐거
운 법을 얻나니, 어떤 것이 네 가지인가. 첫
째는 색신이요, 둘째는 재산과 재물이요, 셋
째는 큰 선행이요, 넷째는 지혜이다.
사리불아, 만일 어떤 중생이 부처님의 탑
에 등명을 보시하는 이는 이처럼 즐거운 법
을 얻게 된다."
그 때에 부처님께서 이 뜻을 거듭 펴시고
자 게송으로 말씀하시었다.

몸매가 원만하고 큰 힘을 갖추어
다른 이와 더불어 싸우지 않고
제방(諸方)에 두루 해도 괴롭힐 이 없는 것
등명을 불탑 앞에 밝힌 까닭이리.

대단히 부귀하고 귀한 가문에 태어나
공덕을 구족하여 남들에게 공경받고
날 적마다 언제나 숙명지를 얻는 것
등명을 불탑 앞에 밝힌 때문이리.

중생들에게 언제나 자비한 생각
말을 내면 권속이 모두 공경해
해치려는 마음 없어 언제나 부드럽고
평생에 악도의 업 짓지 않나니.

"사리불아, 만일 어떤 중생이 불탑에 공

양하는 이는 네 가지 청정을 얻으리니, 어떤
것이 네 가지인가. 첫째는 몸으로 짓는 업이
청정하고, 둘째는 말로 짓는 업이 청정하고,
셋째는 뜻으로 짓는 업이 청정하고, 넷째는
좋은 법이 청정하다.

사리불아, 어떻게 하면 신업이 청정한가.
만일 선남자, 선여인이 그들이 사는 곳에서
살생을 멀리 하고, 살해할 뜻이 없으며, 또
한 훔치는 일과 삿된 음행을 멀리 할지니,
자기의 처에게도 삿된 짓을 할 수 없다. 하
물며 다른 사람의 처이랴. 또한 술을 마시고
방일하여 제 멋대로 방종치 말 것이며, 칼이
나 막대기나 그 밖에 괴롭히는 기구로써 중
생에게 핍박을 주지 말 것이며, 착하지 못한
법과 모든 악한 법을 멀리 할지니라.

사리불아, 이러한 것들을 멀리하는 것이

몸으로 짓는 업을 청정케 하는 것이다.

사리불아, 어떻게 하면 말로 짓는 업이 청정한가. 이 사람이 세세생생에 망어(妄語)를 하지 말지니, 만일 보거나 듣지 못한 것은 끝끝내 망어를 말아라. 만일 보았거나 들었을지라도 합당한 때에 묻는 이가 있은 연후에 말할 것이요, 자신이나 어느 누구를 이롭게 하기 위하여 이어(異語)를 하지 말아라. 설사 어떤 사람이 망어를 하게 할지라도 실어(實語)를 보호하기 위하여 끝끝내 망언을 하지 말 것이며, 이쪽 말로써 저 사람에게 말하지 말며, 저쪽의 일로써 이 사람에게 말하지 말라. 두 사람의 사이가 나빠지려 할 때는 더 심하게 악화시키지 말며, 말을 내거든 능히 시비를 화해케 하라. 마음 아픈 말, 추악한 말, 괴롭고 악한 말, 즐겁지 않은 말,

사랑스럽지 못한 말, 마음에 들지 않는 말, 남을 번거롭게 하는 말, 원수를 맺는 말이 거든 모두 멀리 해라. 말을 내려면 부드러운 말, 뜻에 즐거운 말, 추악하지 않은 말, 귀에 거슬리지 않는 말, 아름답고 묘한 말, 마음에 드는 말, 여러 사람이 사랑하는 말, 많은 사람이 즐거워하는 말, 사랑스러운 말, 능히 원망을 제하는 말을 하라. 언제나 이러한 가지가지 아름답고 묘한 말을 해라. 또 꾸미는 말을 여읠 것이며, 이상한 생각과 이상한 말을 하지 말 것이며, 인(印)과 다르거나 시기가 다르게 말하여 실다운 일을 가리거나 덮지 말라. 번거롭고 내용이 없는 말을 하지 말며, 때 아닌 말을 하지 말고, 항상 참다운 말을 해라.

　사리불아, 이렇게 맑게 하여 맑지 못한 말

로 짓는 업을 멀리하면 청정한 말로 짓는 업을 성취하리니, 이것이 말로 짓는 업을 맑히는 것이다.

사리불아, 어떻게 하면 뜻으로 짓는 업이 청정하여지겠느냐. 다른 이가 가진 보물과 재산에 탐내는 마음을 일으키지 말며, 진심(瞋心)을 일으키지 말며, 해치려는 마음을 멀리 하라. 또 그 사견(邪見)을 멀리하여 모든 악견(惡見)이 없게 할지니, 이러한 것들을 멀리하는 것이 뜻으로 짓는 업을 청정케 하는 것이다.

사리불아, 어떻게 하면 좋은 벗이 청정하여지는가. 만일 모든 선우(善友)가 망어를 멀리하고, 술도 마시지 않으며, 모든 나쁘고 추한 짓을 버려라. 그 뜻을 다스려 정견(正見)을 얻은 이에게는 그곳에 나아가서 친하게 하고 가까이하여 묻고, 또 모든 부처님과 보살과 성문과 연각들의 처소에 나아가 가까이하고 공양하며, 듣지 못한 일을 물을 것이다.

사리불아, 이것에 네 번째의 선우(善友)의 청정이니, 만일 선남자, 선여인이 부처님의 탑에 등명을 보시하면 이러한 네 가지 청정을 얻으리라."

그 때에 부처님께서 이 뜻을 거듭 펴시고자 게송으로 말씀하시었다.

불탑을 비추고자 등명을 밝히면
신(身)·구(口)·의(意) 삼업을
잘 다스릴 수 있으리.
삿된 소견 여의고 맑은 계를 갖추면
이로써 여의안(如意眼)을 획득하리라.

맑은 햇살 시방에 비춤과 같이
빠르게 누진통[21]을 얻게 되리라.

그들은 대지혜(大智慧), 위덕을 갖추어
맑은 천안 얻고서 진루(震淚) 여의리.
지자(智者)는 중생의 뜻 능히 아나니
통명(通明)과 그리고 변재도 얻네.
이승(二乘)의 도를 구하는 일 어렵지 않아
부처님께 등 바치면 이런 과보 얻으리.

만일에 위없는 부처님의 깨달음을 구하거나
천안과 지혜와 그리고 재물이거나
이러한 세 가지 항상 줄지 않는 것
등명을 불탑 앞에 보시한 까닭.

---

21) 누진통(漏盡通) / 6신통 중에 하나. 번뇌를 끊음이 자
   유자재하며 여실하게 4제의 이치를 얻어 다시는 삼계
   에 떨어지지 않는 부사의한 능력.

"사리불아, 만일 선남자, 선여인이 대승
에 머물러서 부처님의 탑묘에 등명을 보시
하면 그가 세세생생에 여덟 가지 즐거운 수
승한 법을 얻게 된다. 어떤 것이 여덟 가지
인가. 첫째는 수승한 육안을 획득하고, 둘째
는 생각을 얻되 능히 헤아릴 수 없다. 셋째
는 수승하고 최상으로 통달한 부분인 천안
을 얻고, 넷째는 집(集) · 도(道)를 만족히 수
습하기 위하는 까닭에 계를 어기지 않게 된
다. 다섯째는 지혜를 얻어 만족하여 열반을
증득하고, 여섯째는 먼저 지은 선한 일로 어
려움이 없는 곳을 얻는다. 일곱째는 지은바
선한 업으로 모든 부처님을 만나서 능히 일
체중생의 안목이 되며, 여덟째는 만일 선남
자, 선여인들이 그의 선한 근본으로 전륜성
왕이 얻는 윤보(輪寶)를 얻으면 다른 이에게

장애를 받지 않고 그 몸매가 단정할 것이다.
또 제석이 되면 큰 위력을 얻어 천안(天眼)
을 갖출 것이요, 범왕이 되면 범행의 일을
잘 알고 큰 선정을 얻을 것이다.

사리불아, 그가 보리에 회향[22]한 선근 때
문에 이러한 여덟 가지 즐거울만한 수승한
법을 얻게 된다.

사리불아, 대승에 머무른 선남자, 선여인
이 다시 여덟 가지 무량하고 수승한 법을 얻
나니, 첫째는 무량한 부처님의 눈을 얻고,
둘째는 무량한 부처님의 신통을 얻고, 셋째
는 무량한 불계를 얻는다. 넷째는 무량한 부
처님의 삼매를 얻고, 다섯째는 무량한 부처
님의 지혜를 얻고, 여섯째는 무량한 부처님

---

22) 회향(廻向) / 자기가 닦은 선근공덕을 다른 중생이나
　　또는 자기의 불과(佛果)에 돌려 향함.

의 해탈을 얻는다. 일곱째는 부처님의 무량한 해탈지견을 얻고, 여덟째는 일체중생의 마음에 즐거워하는 바에 들어가게 하리니 사리불아, 선남자, 선여인이 부처님의 탑묘에 등명을 받들어 올리면 이러한 무량 복보를 받게 된다.

사리불아, 만일 어떤 중생이 설법하는 법사를 보고 생각할 것이다. '어떻게 하면 그로 하여금 항상 불법을 말하여 드러나게 할 수 있을까. 등명으로써 그에게 보시하거나, 기름의 등명을 보시하면 설법하는 이가 법의 등명을 보시할 수 있다.' 이렇게 생각하고 등명을 받들어 보시하면 이렇게 등명을 보시한 선근으로 여덟 가지 무량한 복덕을 얻는다. 어떤 것이 여덟 가지인가. 첫째는 무량한 정념이요, 둘째는 무량한 대지(大智)

요, 셋째는 무량한 정진의 신심이요, 넷째
는 무량한 정진이요, 다섯째는 무량한 대혜
(大慧)요, 여섯째는 무량한 삼매요, 일곱째는
무량한 변재(辯才)요, 여덟째는 무량한 복덕
이다.

사리불아, 이것이 등명을 보시한 여덟 가
지의 복덕이다. 또 네 가지 무애변(無礙辯)을
얻으며, 또 차례차례 일체종지를 얻게 된다.

사리불아, 만일 선남자, 선여인이 부처님
앞에서 다른 이가 등명을 보시하는 것을 보
고 신심이 청정하여서 열 손가락을 모으고
좋아하는 마음(隨喜心)을 내면 이 선근으로
써 여덟 가지 증상(增上)법을 얻게 된다. 어
떤 것이 여덟 가지인가.

첫째는 보다 높은(增上) 색(色)을 얻고, 둘
째는 보다 높은 권속을 얻는다. 셋째는 보

다 높은 계율을 얻고, 넷째는 인천(人天) 안에서 보다 높은 생(生)을 얻는다. 다섯째는 보다 높은 믿음을 얻고, 여섯째는 보다 높은 변재를 얻는다. 일곱째는 보다 높은 성도(聖道)를 얻고, 여덟째는 아뇩다라삼먁삼보리를 얻나니, 이것이 여덟 가지의 보다 높은 증상의 법이다.

사리불아, 무슨 까닭에 이러한 여덟 가지 증상하고 위없는 법을 얻겠는가.

사리불아, 부처님께서는 무량한 계·정·혜·해탈·해탈지견이 있기 때문이니, 그에게 공양하는 이는 얻는 과보와 얻는 이익도 헤아릴 수 없다."

그 때에 부처님께서 이 뜻을 거듭 베푸시고자 게송으로 말씀하시었다.

벗어나는 수행을 조작(造作) 하거나
부처님의 법장을 잘 지키고 닦아
죽음이란 무리를 멀리 떠나되
코끼리가 꽃밭을 짓밟음같이.

그 때에 부처님께서 사리불에게 말씀하
시었다.

"다섯 가지 가장 얻기 어려운 법이 있다.
첫째는 사람의 몸을 얻기 어렵고,
둘째는 부처님의 가르침을 믿기가 어렵고,
셋째는 불법을 좋아하여 출가하기 어렵고,
넷째는 청정한 계율을 구족하기 어렵고,
다섯째는 누진(漏盡)을 얻기 어렵다.

사리불아, 일체중생이 이 다섯 가지 법
을 가장 얻기 어렵지만 너희들은 이미 얻었
다."

그 때에 부처님께서 앞의 뜻을 거듭 펴시
고자 게송으로 말씀하시었다.

부처님의 불탑에 보시를 닦음은
중생에게 이익 주고 깨달음을 구함일세.
지자(智者)는 이렇게 수승한 인(因) 지어서
날 적마다 언제나 뛰어난 보 받나니.

천상과 인간에 수승한 몸 받아서
인천들을 위하여 공양을 닦느니라.
비유컨대 수미산 움직이지 않는 듯
광명이 두루하여 시방세계 비추네.

그 하늘을 보는 이 모두 공경코자
또다시 사랑하고 신심을 내네.
그 사람이 공양하고 찬미하는 것

보고자 기꺼이 모여드네.

기이하다. 이 하늘의 복덕의 모습
범천의 광명이 범궁을 비추는 듯
이 하늘은 일찍이 무슨 업을 지어
몸매의 광명이 이렇듯 빛나는가.

이를 보고 뉘라서 선을 닦지 않으며
뉘라서 성종계(聖種戒)를 닦지 않고
뉘라서 스승 뵙고 싫은 마음 내며
뉘라서 가르침 듣고 방일을 일삼을까.

그 사람은 옛날에 인간에 있을 제
언제나 등명으로 불탑에 보시하며
일찍이 불법에서 공양을 베풀고
복과 이익 잘 얻어서 하늘에 태어났네.

원천대 이내 몸 언제나 사람되어
불법 중에 청정한 신심을 내어지이다.
항상 게으름 없이 불도에 머물러
차라리 죽을망정 불법은 버리지 않는다.

사람의 몸 얻기가 가장 힘든데
어리석은 사람은 어찌하여 복을 짓지 않는가.
가진 것만을 허비하고 법을 모르면
죽어서 큰 구렁에 떨어지리라.

하늘들이 때(垢) 없는 위덕을 보고
마음으로 뉘우치며 발원하였네.
원하노니 언제나 인간에 태어나서
부지런히 법행을 수습하여지이다.

원하노니 최후의 임종할 때에

부처님 법 가운데 정신(淨信)을 내며
원하노니 정념(正念) 얻어 잃지 않고
한량없는 부처님들 뵈올 수 있으리.

천 만억의 하늘에게 공양을 받되
천녀들과 더불어 즐거워하고
천녀들의 무리에게 공경 받으며
천녀들과 장엄하게 원림(園林)에서 노니나니.
여러 하늘 향의 소리 모두 들리고
귀에는 일체의 묘한 소리 듣고자

이 하늘에 노닐며 가는 곳마다
언제나 아름답고 찬란한 빛을 보리니
눈에 보이는 모든 것 사랑스러워
언제나 나쁜 형상 보지 않으며

또다시 언제나 수승한 촉(觸) 얻으니
모두가 등명으로 불탑에 보시한 탓.
그 곳에서 죽으면 인도(人道)에 태어나
정념(正念)으로 부모님의 태속에 드네.
태어나선 하늘의 일 기억해 내되
지혜의 힘으로 잃지 않으리.

그 사람이 이러한 업 지었으므로
대단히 힘이 많은 전륜성왕 되니
그 왕의 모양이 극히 단정한 것은
등명을 보시하고 얻는 과보라.

그런 업 지었기에 수명 길어서
한결같이 청정하고 안락한 그릇
그 몸매엔 근심 걱정 모두 없나니
등명을 밝히고 이런 과보 얻으리.

술한 재난과 환란 만나지 않고
다른 이가 그의 처를 침범 못하며
악인(惡人)에게 시달림을 받지 않는 것
등명으로 불전에 보시한 까닭.

편안하고 풍족하며 두려움 없고
호사가 자재하고 재물이 넉넉해
수승한 영락과 원림(園林)을 얻는 것
등을 켜서 부처님께 올린 탓이다.

반드시 부처님을 뵈옵게 되며
뵙고는 마음에 경신(敬信)을 내어
환희하는 마음으로 공양드리고
왕위를 버리고 출가하리라.

부처님의 무량지(無量智)와

구경지(究竟智)들은
놀라운 덕 갖추어 사람을 교화하니
이러한 불탑에 등을 보시하면
그 사람의 몸매는 등빛처럼 빛나리.

부처님 우왕(牛王)이라 청정한 눈이시니
가장 좋은 등명으로 그의 탑을 비추면
무루의 무상도(無上道)를 얻을 것이며
그 몸매의 광명도 시방을 비추리.

사제를 보시고 십력을 갖추며
불공(不共)법들 모두 다 이루어지니
변견안(遍見眼)을 얻어서 선서[23] 이룸도

_____

[23] 선서(善逝) / 부처님 10호 중에 하나. 인(因)으로부터
　　과(果)에 가기를 잘 하여 돌아오지 않는다는 뜻. 부처
　　님은 여실히 저 언덕에 가서 다시 생사해(生死海)에 빠
　　지지 않기 때문에 이렇게 말함.

모두가 등명을 보시한 결과라네.

설사 어느 때에 일체중생이
일찍부터 수많은 부처님께 공양 올리고
큰 위덕을 갖추어 실다운 뜻 보고서
억겁 동안 연각도를 성취하였네.

시방에 있는 바 모든 세계에
등명과 만을 펴서 남김이 없고
이러한 세계의 등과 만으로
어떤 사람 신심을 내어 그들에게 공양하였네.

이 사람이 이렇게 공양을 닦아
무량겁에 언제나 끊임없으나
어떤 사람 한 등으로 부처님께 비추면
얻는 복이 앞에 것의 무량한 곱 넘어서리니.

등명의 기름은 큰 바다 같고
등명의 심지는 수미산 같네.
어떤 사람 이런 등명 밝히는 이는
일체의 모든 세계 두루 밝히리.

이 사람의 깊은 마음 경신(敬信) 있으나
그의 뜻이 연각도만 구하려 하니
시방에 두루하며 이런 등명 놓고서
일심으로 공경하고 공양하지만
어떤 사람 만일에 보리심을 내어서
초거(草炬) 들고 잠깐만 부처님을 모셔도
이 사람의 얻는 복 비길 데 없네
나는 참뜻 보았기에 이 말 하노라.

넓고 넓은 시방세계 일체중생이
낱낱이 위와 같은 공양구를 차리고

불을 켜서 항하사처럼 수많은 겁 지날지라도
그 마음이 연각도만 구한다 하면

또 다시 어떤 사람 부처님의 탑묘에
한 등을 태우거나 한번 절해도
무상도를 구하고 중생 위하면
이 복이 그 어떤 일보다 뛰어나리라.

보기도 생각키도 어려운 부처님 경계.
밝은이는 들으면 즐거움을 내지만
신심이 없는 이는 들어도 안 즐기고
우치한 저 마군이 바른 법을 해치다.

맑은 법계 깨닫기 심히 어려워
일체세간 오직 하나 선서뿐이니
그러므로 너희들은 기뻐하면서

부처님의 공덕에 원하는 것 구하라.

그 때에 부처님께서 이 법을 말씀하시니,
혜명(慧命) 사리불과 무량한 천 · 인 · 아수
라 · 건달바 · 긴나라 · 마후라가 · 인 · 비
인들이 부처님의 말씀을 듣고 모두 위없는
보리심을 내고 기뻐하기 한량이 없어 예배
하고 물러갔다.

욕불공덕경

제1장 이 경을 설하는 인연

이와 같이 나는 들었다.

어느 때 박가범[24]께서 왕사성 영축산 산정에 계실 때였다. 큰 비구 1천 2백 5십 인과 함께 계셨는데, 다시 무량무변한 큰 보살들과 천·용·팔부(八部)가 모두 구름 같이 모여 들었다.

그 때에 청정혜(淸淨慧) 보살이 대중 가운데 앉아 있다가 모든 대중을 어여삐 여기는 까닭에 이러한 생각을 하였다.

'모든 부처님·여래님은 무슨 인연으로 청정하신 몸매가 구족하심을 얻었을까?

모든 중생들이 부처님을 만나서는 가까

---

24) 박가범(薄伽梵) / 바가바와 같음. 온갖 덕을 성취한 사람. 곧 부처님을 말함.

이하고 공양하며 얻은 복덕이 무량무변하다. 그러나 부처님께서 열반에 드신 후에 있는 중생들은 어떠한 공양을 지으며, 어떠한 공덕을 닦아야 그들의 선근으로 하여금 빠르게 하고, 위없는 깨달음을 능히 다함이 없을까?'

제2장 부처님께서 욕불의 공덕을 설하심

이렇게 생각하고 곧 자리에서 일어나 오른 어깨만을 벗고, 부처님의 발에 정례하며 부처님께 여쭈었다.

"부처님, 제가 묻고자 하나이다. 바라옵건대 허락하여 주소서."

부처님께서 말씀하시었다.

"선남자여, 너의 마음대로 물으라. 내가 말해 주리라."

그 때에 청정혜 보살이 부처님께 여쭈었다.

"모든 부처님·여래님은 무슨 인연으로써 청정하신 몸매와 상호가 구족하심을 얻었나이까? 또 모든 중생 가운데 부처님을 만나 가까이서 공양하면 복보(福報)가 무량무변하지만, 부처님께서 열반에 드신 후에는 모든 중생이 어떠한 공양을 지으며, 어떠한 공덕을 닦아야 그들의 선근으로 하여금 다함없고 무상한 깨달음을 속히 이룰 수 있겠습니까?"

그 때에 부처님께서 청정혜 보살에게 말씀하시었다.

"좋은 말이다. 너는 미래의 중생들을 위하여 이러한 질문을 하는구나. 너는 자세히 듣고 잘 생각하여 말과 같이 수행하라. 내가 너에게 분별하고 해설하리라."

청정혜 보살이 여쭈었다.

"그러하오리이다. 부처님이시여. 바라옵건대 듣고자 하나이다."

부처님께서 청정혜 보살에게 말씀하시었다.

"선남자야, 마땅히 알라. 보시·지계·인욕·정진·정려·지혜·자·비·희·사·해탈·해탈지견(解脫知見)·역무소외와 일체의 불법과 일체종지가 잘 청정한 까닭에 부처님은 청정하시다.

만일 이러한 부처님에게 청정한 마음으로써 가지가지를 공양하되 향·꽃·영락

·번·일산·깔개(敷具)들을 부처님 앞에
펴 놓고, 가지가지로 장엄하게 꾸미며, 최상
의 묘한 향수로 거룩한 형상을 목욕시키고,
향을 태워 널리 쪼이어 기쁜 마음을 법계에
펼친다. 다시 음식과 풍악과 현악(絃樂)과
노래로써 비길 데 없는 부처님의 공덕을 노
래하며, 수승한 원을 세워 무상한 일체의 것
을 간절한 생각으로 회향하면 생기는 공덕
이 무량무변할 것이다. 또 깨달음은 항상 떠
나지 않는다. 무슨 까닭인가. 부처님의 복과
지혜는 불가사의하시며, 무수하시며, 같은
이가 없으신 때문이다.

　선남자여, 모든 부처님께서 모두 세 가지
몸이 있으시니, 법신과 수용신(受用身)과 화
신이다. 내가 열반한 뒤에 만일 이러한 삼신
에 공양코자 하는 이는 마땅히 사리에 공양

하여라. 그러나 두 가지가 있으니 첫째는 골 신사리(骨身舍利)요, 둘째는 법송사리(法頌舍 利)이다.

게송으로 말하리라.

모든 법은 인연에서 일어나니
부처님은 이를 인이라 말하노라.
그 법이 인연으로 다하나니
부처님은 이것을 말하노라.

만일 선남자, 선여인과 비구와 오중(五衆)이거든 반드시 불상을 조성하라. 만일 힘이 없는 이는 최하로 크기가 보리쌀 같게 하고, 탑을 조성하되 형상이 대추와 같게 하고, 찰 간은 바늘과 같으며, 일산은 밀기울 조각과 같게 하며, 사리는 겨자씨와 같게 하며, 법송(法頌)을 써서 그 속에 두고, 위와 같이 진기한 것으로 공양하되 자기의 힘과 능력에 따라 지성으로 높이고 존중하고, 지금의 나를 보듯 하라.

선남자야, 만일 어떠한 중생이 이와 같이 수승한 공양을 지을 수 있으면, 열다섯 가지 수승한 공덕을 성취하여 스스로를 장엄할 것이다. 첫째는 항상 부끄러워하는 마음이 있을 것이요, 둘째는 맑은 신심을 내고, 셋째는 그 마음이 곧을 것이요, 넷째는 어진 벗을 가까이하고, 다섯째는 무루혜[25](無漏慧)에 들고, 여섯째는 항상 모든 부처님을 볼 것이요, 일곱째는 항상 바른 법을 가지고, 여덟째는 말과 같이 수행할 수 있고, 아

---

25) 무루혜(無漏慧) / 진리를 증득하고 모든 번뇌의 허물을 여읜 청정한 지혜.

홉째는 뜻을 따라 마땅히 청정한 불국토에 태어나고, 열째는 만일 사람 가운데 태어나면 큰 성 받이와 존귀한 이가 되어 사람들이 공경히 받들고 환희심을 내며, 열한 번째는 사람 가운데 태어나서 자연히 부처님을 생각하고, 열두째는 모든 마군들이 능히 손해와 번뇌를 주지 못하고, 열셋째는 능히 말법에 바른 법을 보호하여 지니고, 열넷째는 시방의 모든 부처님께 가호를 받고, 열다섯째는 속히 오분법신[26]을 성취하리라."

그 때에 부처님께서 게송으로 말씀하시었다.

---

26) 오분법신(五分法身) / 대승 소승의 무학위(無學位). 곧 부처님 아라한이 갖추고 있는 공덕. 계신(戒身)·정신(定身)·혜신(慧身)·해탈신(解脫身)·해탈지견신(解脫知見身)을 말함.

내가 열반에 든 뒤에
사리에 공양하거나
혹은 탑을 조성하고

또는 부처님의 모습을 조성하여
탑과 불상 앞에서
만다라(曼多羅)로 바르고 깨끗이 하라.
가지가지 향화로써 그 위에 뿌리고
맑고 묘한 물로써
최상의 맛있는 모든 음식을
모두 다 지니고 공양 올려라.
부처님의 공덕은 이루 헤아릴 수 없고
생각으로 분별하기 어려운 줄 찬탄하면
방편의 지혜는 신통하여서
빠르게 지혜의 언덕에 이르게 하리니,
금강 같은 몸매를 이루어서

32 상호를 갖추며
80가지 좋은 형상도 두루 갖추어져서
모든 중생을 제도하리라.

제3장 부처님께서 욕불의 방법을 설하심

그 때에 청정혜 보살이 이 게송을 듣고 부처님께 여쭈었다.

"미래의 중생들이 어떻게 불상을 목욕시키리이까?"

부처님께서 청정혜 보살에게 말씀하시었다.

"너희들은 마땅히 부처님에 대하여 바른 생각을 일으키고, 두 가지 경계에 집착해 공

171

과 유에 미혹하지 말라. 모든 선한 품류에 목마르듯이 우러러 받들어 싫어하지 말 것이며, 세 가지 해탈문에서 지혜를 잘 닦을 것이다. 항상 번뇌에서 벗어나 생사에 머물지 말며, 모든 중생에게 큰 자비를 일으킬지니, 세 가지의 몸을 속히 이루고자 바라는 까닭이다.

선남자여, 내가 이미 너를 위하여 네 가지의 진리와 12연생(緣生)과 육바라밀을 말하였다. 이제 다시 너와 모든 국왕과 왕자와 대신과 왕후와 왕비와 후궁과 하늘과 사람과 용과 귀신을 위하여 불상을 목욕시키는 법을 말하리니, 모든 공양 가운데서 가장 으뜸이이서 항하사와 같은 보배로 보시한 것보다 더 뛰어나다.

만일 불상을 목욕시킬 때에는 반드시 우

두 · 전단 · 백단 · 자단 · 침수향 · 훈육 ·
울금향 · 용뇌향 · 영능 · 곽향 따위를 맑은
돌 위에 놓고 갈아서 향니(香泥)를 만들고,
그것으로써 향수를 만들어 맑은 그릇에 담
아 두라. 청정한 곳에 좋은 흙으로 단을 모
으되, 혹 모나게 하며, 둥글게 하며, 때에 따
라 크고 작게 하여 그 위에 욕상(浴床)을 두
고, 중간에 불상을 안치한 다음 향탕을 부으
면서 정결히 씻고 목욕시키고는 다시 맑은
물을 뿌려라.

　물은 모두 맑게 걸러서 작은 벌레가 다치
지 않게 할 것이며, 그 불상을 목욕시킨 물
은 두 손가락으로 찍어서 자기의 정배기 위
에 둘지니 이름이 길상수(吉祥水)이다.

　나머지 물은 깨끗한 데 버려 밟지 않게 하
고, 가늘고 부드러운 수건으로 불상을 닦아

서 깨끗이 할 것이며, 모든 이름난 향을 태워서 주변이 향기롭게 하고, 본래 자리에 두라.

선남자여, 이렇게 불상을 목욕시킨 공덕으로 능히 너희들 모든 대중들은 안락할 것이다. 병이 없이 오래도록 평온하며, 원하고 구하는 일이 뜻대로 되지 않음이 없다. 친한 벗과 권속이 모두 안온하고, 길이 팔난[27]을 떠나 영원히 괴로움의 근원을 벗어나며, 여인의 몸을 받지 않고 속히 정각을 이루리라.

불상을 안치한 뒤에는 다시 모든 향을 사르고 불상 앞에 대하여 찬탄하라."

내가 이제 모든 부처님 목욕시키니

---

27) 팔난(八難) / 부처님을 보지 못하면 불법을 듣지 못하는 경계가 여덟 가지 있는 것을 말함.

맑은 지혜 공덕과 장엄이 모였네.
원컨대 오탁악세[28]의 모든 중생들
속히 정결한 법신을 이루라.

계와 정과 혜와 해탈과 해탈지견의 향이
시방세계 두루 퍼져서 항상 그윽해
원컨대 이 향연도 그러하여서
무량무변 불사를 지어지이다.

또다시 세 갈래의 괴로움 쉬고
모두가 열을 제해 청량 얻고자
위없는 보리심을 모두 내어서
영원히 번뇌의 물결 건너
피안(彼岸)에 오르지고.

---

28) 오탁악세(五濁惡世) / 다섯 가지 부정(不淨)이 있는 악
한 세상을 말함.

제4장 중생들의 다짐

부처님께서 이 경을 말씀하시니, 이 때 무리 가운데 무량무변한 보살이 있어 무구삼매[29]를 얻었다. 무량한 하늘무리들은 물러나지 않는 지혜를 얻었고, 모든 성문들은 불과[30]를 구하고자 발원하였으며, 8만 4천 중생들이 아뇩다라삼먁삼보리심을 내었다.

그 때에 청정혜 보살이 부처님께 여쭈었다.

"부처님, 다행히 저희들을 가련히 여기시어 불상을 목욕시키는 법을 가르쳐 주셨습니다. 제가 이제 국왕 대신과 일체의 신심으

---

29) 무구삼매(無垢三昧) / 부처님과 보살의 청정한 삼매를 총칭함.

30) 불과(佛果) / 수행한 인으로 극과(極果)에 이르는 부처님 지위를 말함.

로 공덕을 즐기는 이를 교화하여 날마다 부
처님의 형상을 목욕시키고 큰 이익을 얻게
하며, 항상 머리에 이고 받들어 지니며, 즐
겁게 봉행하겠나이다.”

우요불탑공덕경

이와 같이 나는 들었다.

어느 때 부처님께서 사위성 기수급고독
원에 계실 때 큰 비구승과 많은 대중들이 함
께 하였다. 부처님께서 그들에게 앞뒤로 둘
러싸여 계셨다. 그 때에 사리불 장로가 자리
에서 일어나 오른 어깨를 드러내고, 오른 무
릎을 땅에 대어 합장하고 부처님을 향하여
게송으로 청하였다.

위덕이 크신 부처님이시여
원컨대 저희들께 말씀해 주소서.
불탑의 오른쪽을 도는 사람이
얻게 되는 과보가 어떠하온지요.

그 때에 부처님께서 게송으로 대답하시
었다.

불탑(佛塔)을 오른쪽으로 돌고
그로 얻는 모든 공덕을
내가 이제 조금만 말할 터이니
너희들 모두가 잘 들어라.

일체의 하늘과 용과
야차와 귀신들이
모두 가까이 공양함은
불탑을 오른쪽으로 돈 까닭이니라.

태어나는 곳마다 어디에서나
여덟 가지 어려움 멀리 떠나서
언제나 어려움이 없는 곳에 태어나는 것
불탑을 오른쪽으로 돈 까닭이니라.

태어나는 모든 곳마다

생각과 지혜를 잃지 않고서
미묘한 색상을 구족하는 것
불탑을 바로 돈 까닭이니라.

사람과 천상에 왕래하면서
복과 명이 모두 다 같고 오래며
언제나 커다란 명칭(名稱) 얻는 것
불탑을 바로 돈 까닭이니라.

염부제[31)]에서
언제나 존귀하고 수승하며
청정한 가문에서 태어나는 것
불탑을 바로 돈 까닭이니라.

---

31) 염부제(閻浮提) / 수미산 남쪽에 있는 대륙. 4대주의
하나. 부처님이 출현하는 땅. 원래는 인도를 가리키는
말이었는데 후세에는 인간세계를 말함. 현재 우리가 살
고 있는 세계.

거동과 용모가 단정하거나
부귀하여 재물이 무량하거나
언제나 큰 봉읍을 먹게 되는 것
불탑을 오른쪽으로 돈 까닭이니라.

재물과 보배가 항상 가득해
그래도 인색한 마음이 없이
용맹하게 은혜를 널리 베푼 것
불탑을 오른쪽으로 돈 까닭이니라.

빛과 모양 모두가 미묘하여서
보는 이 누구나 즐거워하고
머무는 곳 언제나 안락한 것은
불탑을 바로 돈 까닭이니라.

혹은 도리천의 왕이 되어서
처자가 모두 다 갖추어져 있고
위력과 세력이 자재한 것은
불탑을 오른쪽으로 돈 까닭이니라.

혹은 바라문이 되어서
계율을 지니거나 주술을 배워
베다의 경전을 통달하는 것
불탑을 오른쪽으로 돈 까닭이니라.

혹은 크나큰 장자가 되어
호귀하고 재산이 많아
곳간이 언제나 풍족한 것은
불탑을 바로 돈 까닭이니라.
혹은 바른 법의 왕이 되어서
자재하게 염부제에서 왕이 되니

천하가 모두 다 돌아오는 것
불탑을 오른쪽으로 돈 까닭이니라.

혹은 칠보를 구족하고
대세 전륜왕이 되어서
십선으로 중생을 다스림은
불탑을 오른쪽으로 돈 까닭이니라.

이로부터 천상에 태어나
항상 큰 위덕이 있고
청정히 불법을 믿는 것
불탑을 오른쪽으로 돈 까닭이니라.

맑은 신심 빠르게 이루어지고
모든 법의 미혹이 없어진 뒤에
모든 행의 공함을 보게 되는 것

불탑을 오른쪽으로 돈 까닭이니라.

천상에서 목숨을 버리고나서
내려와 인간에 태어날 적에
태에 들어 어리석고 헤맴 없는 것
불탑을 바로 돈 까닭이니라.

어머니의 태속에 있을 때에도
더러움에 물들지 아니하여서
청정한 마니보와 같게 되는 것
불탑을 오른쪽으로 돈 까닭이니라.

태에서나 그리고 출생할 때에
어머니가 언제나 안락하시고
젖 먹을 때 또다시 그러한 것은
불탑을 바로 돈 까닭이니라.

부모와 그리고 친척들이나
일체가 공동으로 길러 주시되
유모를 언제나 여의지 않는 것
불탑을 바로 돌은 까닭이니라.

권속이 모두가 사랑해 주기가
부모의 그것보다 훨씬 더하고
자재가 스스로 늘어남은
불탑을 바로 돌은 까닭이니라.

야차와 그리고 모든 악귀가
잠시도 놀라게 겁주지 못하고
구하는 것 자연히 얻어지는 것
불탑을 바로 돌은 까닭이니라.

백 천겁을 지나도록

몸매는 더욱 청정해지고
미묘한 색상이 원만해짐은
불탑을 바로 돌은 까닭이니라.

맑은 눈이 기다랗고 또한 넓어서
비유컨대 푸른 빛 연꽃과 같고
검고 환하여 청정한 천안 얻는 것
불탑을 바로 돌은 까닭이니라.

묘한 색이 언제나 원만하고
모든 상이 제대로 장엄되어
큰 세력을 성취하는 것
불탑을 바로 돌은 까닭이니라.

혹은 제석궁에 태어나서
커다란 위세가 자재하여서

도리천 안에서 존귀한 것은
불탑을 바로 돈은 까닭이니라.

혹은 수야마에서 태어나거나
그리고 도솔천궁이거나
화락천과 타화자재천에 태어나는 것
불탑을 바로 돈은 까닭이니라.

혹은 범천에 태어나거나
범세에서 제일로 자재하여
모든 하늘 언제나 공양하는 것
불탑을 바로 돈은 까닭이니라.
억 나유타 겁에
언제나 지혜로운 사람에게서
공경하고 공양 받는 것
불탑을 바로 돈은 까닭이니라.

몸매와 그리고 의복까지도
억 겁 동안 언제나 때가 안 끼고
백정겁(白淨劫)을 원만히 구족하는 것
불탑을 바로 돌은 까닭이니라.

커다란 정진력을 구족하여서
가지가지 수행을 힘써 닦으며
피로와 게으름을 모르는 것은
불탑을 바로 돌은 까닭이니라.

용맹하게 언제나 정진하여서
견고함을 망가뜨릴 이 없게 되었고
짓는 바가 빠르게 성취되는 것
불탑을 바로 돌은 까닭이니라.

깊고 멀고 미묘한 음성을 내면

듣는 이 모두가 즐거워하며
안락하여 언제나 병이 없는 것
불탑을 바로 돌은 까닭이니라.

내가 일찍 연설한 말과 같아서
삼유[32)]의 괴로움을 떨어버리고
출세의 지혜를 성취하는 것
불탑을 바로 돌은 까닭이니라.

언제나 사념처[33)]와
그리고 사정근[34)]과

---

32) 삼유(三有) / 삼계의 욕유(欲有) 색유(色有) 무색유(無色
   有)와 일생의 생유(生有) 본유(本有) 사유(死有)를 말함

33) 사념처(四念處) / 사념주(四念住). 소승의 수행자가 3
   현위에서 5정심관 다음에 닦는 관. 신념처(身念處), 수
   념처(受念處), 심념처(心念處), 법념처(法念處).

34) 사정근(四正勤) / 열반에 나아가기 위하여 수행함에 있
   어 37가지 중에 사념처의 다음에 닦는 법.

사여의(四如意)와 신족(神足)에 있는 것
불탑을 바로 돌은 까닭이니라.

네 가지 진리와
근 · 역 · 칠각지분과
정도와 성과를 요달(了達)하는 것
불탑을 바로 돌은 까닭이니라.

일체의 번뇌를 없애고
큰 위덕을 구족하며

무루와 육신통을 얻는 것
불탑을 바로 돌은 까닭이니라.

탐심과 진애와 그리고 치심
일체의 장애를 멀리 여의고

독각의 깨달음을 얻는 것
불탑을 바로 돌은 까닭이니라.

미묘한 자금색 상호를 하신
장엄한 몸매를 얻으시고는
버젓이 하늘과 사람 중에 스승 되심은
불탑을 바로 돌은 까닭이니라.

모두가 몸과 말로 지은 업으로
칭찬하거나 그리고 찬탄하면서
불탑을 바로 돌은 공덕 때문에
이러한 큰 이익을 얻게 되리라.

제불의 탑묘를 바로 도는 이
얻어지는 여러 가지 공과 복덕을
내가 이제 들은 대로 생각을 따라

간략히 말했으나 어찌 다하리.

그 때에 부처님께서 이 게송을 말씀하시니, 사리불과 모든 대중이 모두 크게 환희하며 믿어 받들어 행하였다.

제덕복전경

이와 같이 나는 들었다.

부처님께서 사위성 기수급고독원에 계실 때였다. 훌륭한 비구 1천 2백 5십 명과 보살 1만 명과 한량없는 대중에게 둘러싸여 설법하고 계셨다.

그 때에 제석천과 모든 욕계의 3만 2천 천자가 각각 거느리는 셀 수 없는 많은 무리들이 부처님 처소에 와서 머리를 조아려 땅에 절하고 모두 한쪽에 앉았다.

그 때에 제석천이 대중이 다 앉은 것을 살피고, 부처님의 싱그러운 분부를 받들어 자리에서 일어나 옷깃을 여미고 무릎 꿇고 합장하여 부처님께 여쭈었다.

"여쭈고자 하는 바 있사오니, 바라옵건대 자세히 일러 주시어 가르침을 내려 주십시오."

부처님께서 제석천에게 말씀하시었다.

"비유컨대 어두운 방에서 등불을 켜지 않으면 어찌 보이는 것이 있겠느냐. 잘 물었다. 내가 너를 위하여 말하리라."

제석천이 부처님께 여쭈었다.

"사람이 덕을 심는 것은 드러난 복을 구하고자 함이옵니다. 어찌 좋은 밭에 복을 심으면 과보가 없겠습니까만 어떻게 하면 털 끝만한 덕본(德本)을 심고 한량없는 복을 얻을 수 있겠나이까? 바라옵건대 부처님, 은혜로운 가르침을 내려 주시어 이 어리석고 몽매한 이들의 복보(福報)가 한량없게 하여 주옵소서."

부처님께서 찬탄하시었다.

"통쾌하다, 제석천이여. 그대가 묻고자 한 법은 가장 높도다. 자세히 듣고 잘 생각하여

라. 내가 자세히 연설하여 너로 하여금 즐겁
게 하리라.”

제석천과 대중이 분부를 받고 듣자왔으
며, 부처님께서는 제석천에게 말씀하시었
다.

“스님들에게 다섯 가지 맑은 덕이 있으니
이를 복전(福田)이라 한다. 이들에게 공양하
면 복을 얻고 나아가서는 부처를 이룰 수 있
다. 무엇을 다섯 가지라 하는가. 첫째는, 발
심하고 속세를 떠나서 마음에 도를 놓치지
않는 때문이다. 둘째는, 몸 맵시를 생각지
않고 법복을 입은 때문이다. 셋째는, 친하고
사랑하는 이를 영원히 여의고도 불평이 없
는 때문이다. 넷째는, 목숨을 버리면서 착한
일들을 따르는 때문이다. 다섯째는 뜻에 대
승법을 구하여 사람들을 제도하기 때문이

다. 이 다섯 가지 덕을 복전이라 하나니 어
질다 할 것이며, 아름답다 할 것이고, 일찍
없어지지 않는다 할 것이다. 이들에게 공양
하면 복을 얻는 일은 무엇과도 비교가 되지
않는다."

그 때에 부처님께서 게송으로 말씀하시
었다.

겉모양을 마음에 두지 않고
뜻에 절개 지키어
사람을 다 버리고 친한 바 없어졌네.
집을 떠나 성현도(聖賢道)를 넓혀서는
일체인간 제도하기 소원이라오.

다섯 가지 맑은 덕 세상일에 뛰어나
가장 좋은 복 밭이라 이름 한다오.

공양하면 영원한 평안 얻으니
그 복이 제일이며 존귀하다오.

부처님께서 제석천에게 말씀하시었다.
"또 일곱 가지 법이 있다. 널리 베푸는 것
을 복전이라 부르며, 널리 베푸는 것을 행하
는 사람은 복을 얻고 범천에 태어난다. 무
엇을 일곱 가지라 하는가. 첫째는, 부도[35]나
승방[36]이나 당[37]과 각(閣)을 짓는 일이다.
둘째는, 과일 밭이나 목욕하는 늪이나 나무
숲으로 시원하게 하는 일이다. 셋째는, 항상
의약을 베풀어 병자들을 고쳐 주는 일이다.

---

35) 부도(浮圖) / 탑의 전음. 후세에는 솔도파 곧 탑과 통용
　　하며 우리나라에서는 스님들의 사리나 유골을 넣은 석
　　종을 말함.
36) 승방(僧坊) / 스님들이 거주하는 사암.
37) 당(堂) / 스님들이 사무를 보는 승당을 말함.

넷째는, 튼튼한 배를 만들어 많은 사람들을 건네주는 일이다. 다섯째는, 다리를 안전하게 가설하여 어린이와 약한 이가 건너게 하는 일이다. 여섯째는, 길 가에 우물을 파서 목마른 이가 마실 수 있게 하는 일이다. 일곱째는, 뒷간을 지어 대소변 볼 곳을 베푸는 일이다. 이것이 일곱 가지 일로 범천의 복을 얻는 것이다."

그 때에 부처님이 게송으로 말씀하시었다.

탑을 모으고 정사(精舍)를 세우며
과일 밭으로 시원하게 베풀라.
병든 사람은 의약으로 고쳐주고
다리 놓고 배를 띄워
모든 사람들을 건너게 해라.

넓은 길에 좋은 우물 파
목마른 이 목을 쉬게 하면
태어나는 곳마다 감로수를 먹고
병 없이 언제나 안녕하리라.

뒷간 지어 청정을 베푸니
더러움 없어지고 즐겁고 유쾌함 얻었네.
후에는 변리(便利)의 걱정 없을 터
더러운 꼴 보려야 볼 수 없으리.
비유컨대 다섯 강물이
밤낮으로 쉬지 않나니
이 공덕도 그러하여서
마침내 범천에 오르리.

그 때 그 모임에 한 비구가 있었다. 이름
을 청총이라 하였다. 법을 듣고 기뻐하여 곧

자리에서 일어나 부처님께 절하고는 여쭈
었다.

"부처님의 참된 말씀이 넓고 부드럽기 한
량없습니다. 제가 지난 과거세를 생각하오
니, 헤아릴 수 없는 오랜 세월에 바라나나라
에 태어나서 장자의 아들이 되었습니다. 곧
길 가에 작은 정사(精舍)를 짓고 평상과 와
구(臥具)와 마실 것과 양식을 스님들께 공양
하였으며, 길 가다 지친 이도 쉬어 갈 수 있
게 하였습니다. 이러한 공덕으로 말미암아
목숨을 마친 뒤에 천상에 태어나 하늘의 제
석이 되었으며, 인간으로 하생하면 전륜왕
이 되어 각각 서른여섯 차례를 되풀이하면
서 인천(人天)을 거느리되 발밑에 터럭이 나
서 허공을 밟고 놀았으며, 91겁을 식복(食
福)이 따르더니, 이제 부처님께서 중생을 어

여삐 여기시고 왕림하시어 저의 어리석음
을 덜어 주셨습니다. 또 맑은 지혜로써 안정
케하여 주심을 만나 죽고 나는 일이 없어지
고 진인(眞人)이라 부르오니, 복 받는 참된
말씀 틀림이 없으리라 여기나이다."

청총은 다시 게송으로 말하였다.

생각건대 지난 세상에
공양한 것은 보잘 것 없건만
복 받기는 여러 겁을 지났고
남은 복으로 천사(天師) 되었네.

맑은 지혜로 생사 끊으니
치애(痴愛)의 정 남김 없네.
불은(佛恩)이 흘러 다함없을 새
그러므로 거듭 귀의합니다.

그 때에 청총은 절하고 도로 앉았다. 또한 비구가 있었으니, 이름이 파구로 였다. 자리에서 일어나 옷깃을 다듬고 절하고는 부처님께 여쭈었다.

"제가 지난 과거세를 생각하오니, 구시나가라에 태어났을 때에 장자의 아들이 되었습니다. 그 때의 세상에 부처님이 없으시고 스님들이 교화하였습니다. 스님들이 설법할 때 제가 가서 법을 들었고, 법을 듣고는 기뻐하였습니다. 아리륵이라는 약과(藥果) 하나를 갖다 스님에게 바쳤더니, 이 과보로 목숨이 마친 뒤 하늘에 태어났으며, 내려와 세간에 날 적에는 항상 존귀하게 되었고, 단정하고 호걸 됨이 무리 중에 뛰어났습니다. 91겁 동안 한 번도 병이 없었으며, 남은 복으로 부처님을 만나니, 광명으로 어리석음

을 인도하시고, 저에게 법약(法藥)을 주시어
응진(應眞)을 얻게 하시었나이다. 힘은 산을
옮길 만하고, 슬기는 악을 소멸할 수 있으니
거룩하셔라, 복 받는 일이여. 참된 말씀이라
하겠나이다."

그 때에 파구로가 게송으로 말하였다.

자비하신 이슬비 마른 초목 적시고
드높으신 덕훈(德勳)은 괴로움을 건지네.
과일 한 개 베픈 착한 근본이
복을 받기 지금껏 남아 있다오.
부처님이 드리우신 참 말씀의 뜻
가르침을 입는 이 구렁텅이에서 빠져나와,
성현들의 도우심 끝이 없나니
위가 되는 복전에 머리 조아립니다.

이에 파구로는 절하고 앉았다. 또 한 비구가 있으니, 수타야라 하였다. 자리에서 일어나 옷깃을 여미고 절하고는 부처님께 여쭈었다.

"제가 스스로 생각하오니 지난 세상에 유야리(維耶離)나라에 태어나 작은 집의 아들이 되었습니다. 그 세상에는 부처님이 안 계시고 스님들이 교화를 하셨습니다. 제가 그 때에 우유를 가지고 저자에 들어가 팔려고 하다가 스님들이 많이 모여 법을 설하시는 광경을 만났습니다. 지나는 결에 서서 들으니 법의 말씀이 미묘하였습니다. 이를 듣고 환희하여 곧 우유를 병째로 스님들에게 보시하였더니, 스님들이 축원하시기에 더욱 즐거운 생각이 들었습니다. 이로 말미암아 복을 받아 수명을 마치고는 천상에 났으며, 인간에 하생하여서는 재물과 부귀가 한량이 없었습니다. 91겁 동안 호사와 존귀와 영화를 누리다가 마지막 남은 허물로 세간에 태어났습니다. 어머니께서 임신하신 지 몇 달 만에 병을 얻어 목숨을 마치시니 어머니를 무덤에 묻고, 달이 차면 나와서 무덤 속에서 7년 동안 죽은 어머니의 젖을 마시며 스스로 살아왔습니다. 적은 복으로 부처님께서 밝은 법을 열고 밝히심을 만나 생사를 초월하여 응진을 얻었사오니 진실하셔라, 죄와 복이여, 진실로 부처님의 말씀과 같사옵니다."

그 때에 수타야가 게송으로 여쭈었다.

지난 날 가난한 집 자식되어
소젖을 팔면서 살아갔더니

기뻐서 아주 조금 스님께 보시하고
세 가지 괴로움을 여의게 되었네.

죄 따라 무덤 속에 태어났건만
죽은 젖 먹으면서 7년을 살아
인연이 두터워서 해탈 얻으니
성스러운 복 밭에 머리 조아립니다.

이 때에 수타야는 절하고 앉았다. 또 한
비구가 있으니 이름이 아난이었다. 곧 자리
에서 일어나 옷깃을 바로 하고 부처님께 여
쭈었다.
"제가 지난 과거세를 생각하오니 나열기
나라에 태어났을 때에 서민의 아들이 되었
습니다. 몸에 악한 종기가 나서 치료하여도
낫지 않더니, 어떤 친구되는 도인이 와서 제

게 말하기를, '마땅히 스님들을 목욕시켜 드리고 그 물을 가져다가 종기를 씻으면 곧 나을 것이며, 또 복도 얻을 수 있을 것이다.' 하셨습니다. 제가 환희하여 절에 가서 공경스럽고 지극한 마음으로 새로이 우물을 파고, 향유(香油)와 목욕하는 기구를 장만하여 스님들을 목욕케 하고, 그 물로써 종기를 씻었더니 이내 나았습니다. 이 인연으로 하여 나는 곳마다 몸매가 단정하고 금빛이 찬란하며, 티끌과 때가 끼지 않았습니다. 91겁 동안 항상 맑은 복을 얻었으며, 스님들의 복이 넓고 멀어서 이제 다시 부처님을 만나 마음의 때가 없어지고, 응진을 얻었나이다."

　아난이 부처님 앞에서 다시 게송으로 여쭈었다.

성스런 무리는 훌륭한 의사이시니
괴롭고 근심되는 병을 구제해
목욕시켜 청정을 베풀었더니
종기가 나아져 평안 얻었네.
나는 곳 언제나 단정한 몸매
수승하고 이상한 순금빛 얼굴
공덕으로 적셔 주심 가이없으니
선량한 복전에 머리 조아립니다.

아난이 절하고 도로 앉았다.

또 한 비구니가 있으니 이름이 내녀(奈女)였다. 곧 자리에서 일어나 옷을 바로 하고 부처님께 여쭈었다.

"제가 생각하오니 지난 세상에 바라나라에 태어났을 때에 가난한 여인이 되었습니다. 그 세상에 부처님이 계셨으니 가섭이라 하셨습니다. 그 때에 대중에게 둘러싸여 설법을 하셨는데, 제가 그 때에 자리에 있으면서 경을 듣고 환희하여 뜻에 보시하고자 하였습니다. 돌아보건대 가진 것이 없어서 스스로의 빈천함을 생각하고 마음이 슬펐습니다. 다른 이의 밭에 가서 참외를 구걸하여 부처님께 공양드리고자 하였습니다. 그 때에 하나의 벚(柰)을 얻었는데 크고 향기로웠습니다. 한 그릇의 물과 한 개의 벚을 받들고 가섭불과 스님들께 올리었더니, 부처님께서 지극한 뜻을 아시고 축원하며 받으시어 물과 벚을 두루 대중에게 나누시니 모든 사람에게 다 미치었습니다. 이러한 복으로 하여 목숨이 다하고 천상에 나서 천후(天后)가 되었고, 세간에 하생할 때에는 태(胎)를 빌어 태어나지 않았습니다. 91겁 동안

벚꽃 속에 태어나서 단정하고 곱고 맑았으
며, 항상 숙명을 알게 되더니 이제는 부처님
을 만나 도의 눈을 열었나이다."

　그 때에 내녀가 게송으로 여쭈었다.

　　삼존(三尊)의 자비하심 널리 뿌리고
　　지혜의 바라밀 남녀가 없네.
　　물과 과일 보시한 넓은 보답은
　　그 까닭에 괴로움을 여의게 하네.

　　세상에 있을 때엔 꽃 속에 나고
　　올라가선 천왕의 부인이 되니
　　스스로 성현들의 복 내리시는
　　가장 깊은 복전에 귀의합니다.

　비구니 내녀는 절하고 앉았으며, 다시 제

석천이 자리에서 일어나 부처님께 절하고
여쭈었다.

"제가 지난 세상에 구류라는 큰 나라에
태어나서 장자의 아들이 되었습니다. 푸른
옷을 입고 포행(抱行)하여 성에 들어가 구경
하고 놀다가 스님들이 거리에서 탁발하는
것을 만났습니다. 그 때 사람들 중에 보시하
는 이가 아주 많은 것을 보고 이렇게 생각했
습니다. '재물과 보배를 얻어 스님들에게 보
시하기를 원하면 그 아니 기쁘랴!' 그리고
바로 구슬과 영락을 풀어 스님들에게 보시
하니, 한 마음으로 축원하고 환희하여 돌아
갔습니다. 이 인연으로 하여 목숨을 마치자
곧 도리천에 태어나서 제석천이 되었고 91
겁 동안에 영원히 팔난을 떠났나이다."

이 때에 제석천이 게송으로 여쭈었다.

덕이 높아서 지날 이 없으며
복을 열어서 재화의 근원을 막고
성현들의 신정력(神定力)은
어린이들도 환희심을 내게 하네.

무리를 본받아 기쁜 뜻 베푸니
정신을 옮김에 둘째 하늘 맡았네.
스스로 세최후(世最厚)에 귀의하오니
세세에 봉존(奉尊)하기 소원이라오.

부처님께서 제석천과 모든 대중에게 말
씀하시었다.

"내가 말하는 바 과거세에 행한 것을 들
으라. 지난 날 나의 전세에 바라내나라에
서 큰 길 가에 뒷간을 두어 보시하였다. 나
라 안의 사람들이 편안함을 얻어 모두 기뻐

하였다. 이 공덕으로 인해 나는 곳마다 정결
하였고, 여러 겁에 도를 수행하여도 더러운
것에 물들지 않았다. 공과 복이 크게 갖추어
스스로 성불하는데 이르렀다. 금덩이의 몸
이 빛나고 티끌과 물은 붙지 않았으며, 밥은
스스로 소화되어 대소변의 근심이 없었다."
　이 때에 부처님이 게송으로써 말씀하시
었다.

　　더러움을 참고 복되는 일 닦으니
　　그 누구도 나는 더럽힐 수 없었고
　　뒷간 지어 편리함을 베푸니
　　번거로운 사람이 편안함 얻었네.

　　이 공덕은 아만4을 제거하고
　　이로 인하여 생사의 반연을 알았네.

나아가서는 성불하는 길에 오르니
비고 맑아서 외외(巍巍) 한 임이라.

부처님께서 제석천에게 말씀하시었다.
"96종의 가르침 중에서 불도가 가장 높
고, 96종의 법에서 불법이 가장 참되며, 96
종의 승에서 불승이 가장 바르니 무슨 까닭
인가. 부처님은 아승지겁으로부터 참된 말
로 발원하시고, 목숨이 마치도록 덕을 쌓아
서 중생을 위하려 맹세하시고, 나라 · 재물
· 처자 · 머리 · 눈 · 피 · 살점으로써 보시
하여도 아끼고 사랑하는 마음이 없었다. 마
음이 허공과 같아 덮지 않는 곳이 없으며,
육도와 사등과 여러 가지의 선을 널리 갖추
어 덕과 혜가 원만하여져서 깨달음을 이루
었다. 몸의 빛깔은 붉은 금이요, 상호가 견

줄 이 없으며 과거 · 미래 · 현재에 비추어 사무치지 않음이 없고, 삼계의 높은 하늘에 미칠 이가 없어 말은 미덥고 덕은 무거워 천지를 진동하였다.

어떤 중생이 한번 경신하는 마음을 내어 부처님께 향하는 이는 대천세계의 진보를 얻은 것보다 수승하다. 삼십칠조도품과 십이부경을 말씀하시어 죄와 복을 분별하시니 말씀은 모두 지극히 참되다. 삼승의 교법을 열어 각각 봉행케 하시니 듣는 이는 환희하여 사문이 되기를 즐겨하였다.

부처를 믿고 법을 행하여 뜻은 맑고 고결한 것을 받들었다. 무릇 승가에 4쌍(雙) 8배(輩)와 12현자(賢者)가 있어 세간의 탐심과 쟁론을 버리고 세상을 인도하여 복을 여니, 천 · 인의 통로이며 대중들이 이로 말미암았다. 이것이 가장 존중하여 위없는 도이니, 모든 부처님·보살·연각·응진이 모두 이 가운데에서 나와서 일체를 교화하고 모든 중생을 제도하였다.”

부처님께서 이것을 말씀하실 때에 제석천들이 모두 위없고 바르고 참된 도의 뜻을 내었으며, 헤아릴 수 없는 사람들이 법의 눈이 맑아짐을 얻었다. 이 때에 아난이 부처님께 여쭈었다.

“이는 무슨 경이라 하며, 어떻게 받들어 지니오리까.”

부처님께서 아난에게 말씀하시었다.

“이 경은《제덕복전경》이라 하니, 항상 받들어 지니고 경의 도를 밝게 선전하여 이지러지거나 줄지 않게 하라.”

부처님께서 경을 말씀하시니, 제석천들

과 일체의 모인 이들이 모두 환희하여 절하
고 물러갔다.